ÉTICA NO JORNALISMO

Conselho Acadêmico
Ataliba Teixeira de Castilho
Carlos Eduardo Lins da Silva
Carlos Fico
Jaime Cordeiro
José Luiz Fiorin
Tania Regina de Luca

Proibida a reprodução total ou parcial em qualquer mídia
sem a autorização escrita da editora.
Os infratores estão sujeitos às penas da lei.

A Editora não é responsável pelo conteúdo deste livro.
O Autor conhece os fatos narrados, pelos quais é responsável,
assim como se responsabiliza pelos juízos emitidos.

Consulte nosso catálogo completo e últimos lançamentos em **www.editoracontexto.com.br**.

Rogério Christofoletti

ÉTICA NO JORNALISMO

Copyright © 2008 Rogério Christofoletti

Todos os direitos desta edição reservados à
Editora Contexto (Editora Pinsky Ltda.)

Montagem de capa e diagramação
Gustavo S. Vilas Boas

Preparação de textos
Márcia Nunes

Revisão
Daniela Marini Iwamoto

Dados Internacionais de Catalogação na Publicação (CIP)
(Câmara Brasileira do Livro, SP, Brasil)

Christofoletti, Rogério
Ética no jornalismo / Rogério Christofoletti. – São Paulo :
Contexto, 2024.

Bibliografia.
ISBN 978-85-7244-180-3

1. Ética jornalística 2. Imprensa 3. Jornalismo I. Título.

08-07652   CDD-174.9097

Índices para catálogo sistemático:
1. Ética jornalística   174.9097

2024

Editora Contexto
Diretor editorial: *Jaime Pinsky*

Rua Dr. José Elias, 520 – Alto da Lapa
05083-030 – São Paulo – sp
pabx: (11) 3832 5838
contato@editoracontexto.com.br
www.editoracontexto.com.br

Para Ana e Vini.

COLEÇÃO COMUNICAÇÃO

Coordenação
Luciana Pinsky

A arte de entrevistar bem Thaís Oyama
A arte de escrever bem Dad Squarisi e Arlete Salvador
A arte de fazer um jornal diário Ricardo Noblat
A imprensa e o dever de liberdade Eugênio Bucci
A mídia e seus truques Nilton Hernandes
Assessoria de imprensa Maristela Mafei
Comunicação corporativa Maristela Mafei e Valdete Cecato
Correspondente internacional Carlos Eduardo Lins da Silva
Escrever melhor Dad Squarisi e Arlete Salvador
Ética no jornalismo Rogério Christofoletti
Hipertexto, hipermídia Pollyana Ferrari (org.)
História da imprensa no Brasil Ana Luiza Martins e Tania Regina de Luca (orgs.)
História da televisão no Brasil Ana Paula Goulart Ribeiro, Igor Sacramento e Marco Roxo (orgs.)
Jornalismo científico Fabíola de Oliveira
Jornalismo cultural Daniel Piza
Jornalismo de rádio Milton Jung
Jornalismo de revista Marília Scalzo
Jornalismo de TV Luciana Bistane e Luciane Bacellar
Jornalismo e publicidade no rádio Roseann Kennedy e Amadeu Nogueira de Paula
Jornalismo digital Pollyana Ferrari
Jornalismo econômico Suely Caldas
Jornalismo esportivo Paulo Vinicius Coelho
Jornalismo internacional João Batista Natali
Jornalismo político Franklin Martins
Jornalismo popular Márcia Franz Amaral
Livro-reportagem Eduardo Belo
Manual do foca Thaïs de Mendonça Jorge
Manual do frila Maurício Oliveira
Manual do jornalismo esportivo Heródoto Barbeiro e Patrícia Rangel
Os jornais podem desaparecer? Philip Meyer
Os segredos das redações Leandro Fortes
Perfis & entrevistas Daniel Piza
Reportagem na TV Alexandre Carvalho, Fábio Diamante, Thiago Bruniera e Sérgio Utsch (orgs.)
Teoria do jornalismo Felipe Pena

SUMÁRIO

INTRODUÇÃO 9
    Por que ética é tão importante para o jornalismo? 9
    O jornalismo e a realidade que nos cerca..10
    Um assunto para todos, jornalistas ou não 11

PONTOS DE PARTIDA PARA A DISCUSSÃO 13
    Mito n. 1 – "Cada um tem a sua ética" 16
    Mito n. 2 – "Ética é uma coisa abstrata" 18
    Mito n. 3 – "A ética é uma só" 20
    Mito n. 4 – "Ética é um assunto acadêmico" 22
    Mito n. 5 – "Ética se aprende na escola" 23

VALORES, CREDIBILIDADE E ÉTICA 27
    Vícios e virtudes, valores e pecados 30
    Fazer bem e fazer o bem 33

CUIDADOS ÉTICOS NAS COBERTURAS
DE POLÍTICA E ECONOMIA...39
    Medir distâncias...41
    Entre políticos e gabinetes..43
    Convertendo números em histórias...49

A CONDUTA NAS COBERTURAS DE VIOLÊNCIA,
CULTURA E ESPORTES 57
    Foto na capa do jornal 63
    Profissão: perigo 66
    Aplausos para quem mesmo? 71
    Furos na marcação 75

CÓDIGOS E REGRAS DO JOGO 79
    Códigos deontológicos no jornalismo 81
    A conduta normatizada dos jornalistas 85

JORNALISMO, ÉTICA E NOVAS TECNOLOGIAS 91
    As mudanças que a informática trouxe 93
    Jornalismo on-line e desafios à consciência 96
    Condenados a escolher 101
    Ética hacker e ética jornalística 102

CONSIDERAÇÕES FINAIS 111
    10 questões para fazer pensar 111

BIBLIOGRAFIA 113

O AUTOR 123

AGRADECIMENTOS 125

INTRODUÇÃO

Por que ética é tão importante para o jornalismo?

Em *Guernica*, Pablo Picasso pintou em traços fortes o horror da guerra. A tela é imensa, um painel angustiante e perturbador. Os olhos arregalados do cavalo não saem da nossa cabeça. As mãos pedindo ajuda parecem se mover. A dor, o medo, a guerra estão ali, emoldurados. A arte conta, registra a história.

Algumas imagens povoam com tanta força nossa memória que mais parecem tatuadas em nossas mentes. Com *Guernica*, é assim. Mas já foi a época em que a pintura representava o mundo. Hoje, há outros instrumentos.

Mesmo assim, algumas imagens parecem gravadas em nossos cérebros. O rapaz que enfrenta sozinho a fila de tanques de guerra em Pequim é a ilustração da coragem. A menina vietnamita que foge nua num campo arrasado é a estampa da guerra. Há uma criança esquálida agachada na savana. Ela é observada pelo abutre a poucos metros de distância: é uma presa, mas também é a projeção do abandono, da fragilidade, do descaso.

As três cenas são bastante conhecidas não apenas pela carga emotiva que as diferencia, mas também pelo fato de que as reconhecemos, porque muito circularam por nossas sociedades. Assistimos pela TV ao jovem chinês enfrentar o exército em meio ao massacre da Praça da Paz Celestial, em 1989, assim como vimos a menina com as costas queimadas pelo *napalm*, no final da Guerra do Vietnã. A fotografia da criança anônima sudanesa – espreitada pelo abutre – foi carimbada em jornais e revistas e ainda se repete por sites na internet. Afinal, o que essas imagens têm de especial? Por que não nos esquecemos delas? O que nos faz lembrar dessas cenas arrebatadoras é o fato de que os meios de comunicação multiplicaram as condições para que essas imagens circulassem sem fronteiras, causando grande impacto. A mídia facilitou nosso acesso a esses fatos; o jornalismo permitiu que soubéssemos deles e que os guardássemos conosco.

O jornalismo e a realidade que nos cerca

Não é exagero dizer que grande parte do que chamamos de realidade nos chega pelos meios de comunicação. Seja o *tsunami* que varre a Indonésia, seja o assalto na esquina de casa. Atualmente, a mídia ocupa lugar central na vida de todos. Ajuda a moldar nosso imaginário, estabelecer prioridades, decidir e descartar opções. Essa onipresença não comporta apenas um poder avassalador de formação de opiniões, de registro da história recente ou de definição de relevâncias sociais. O poder dessa centralidade traz também muitas preocupações de natureza moral e ética. Onde ficam os limites, afinal?

Foi correto o repórter fotográfico Kevin Carter congelar a imagem da criança negra vulnerável ao abutre? O que ele deveria fazer naquele momento: espantar a ave predadora ou clicar e denunciar a miséria humana ao mundo? Em nome do que os jornalistas podem se apossar da imagem de alguém em situação de tanta fragilidade quanto à da refugiada que corre das bombas? Por que é importante flagrar o cidadão comum que se contrapõe ao arbítrio, mesmo que não se saiba o nome dele? Essas e outras perguntas estão diretamente ligadas às condutas dos profissionais envolvidos nessas coberturas. Referem-se ao questionamento dos limites morais do jornalismo e da mídia em geral. Aqui, o nome do jogo é ética.

Porque ostentam um magnífico poder, os meios de comunicação têm uma responsabilidade igualmente gigantesca. É a contrapartida.

Os meios de comunicação reúnem diversão, entretenimento e informação. Os compromissos éticos de quem apresenta um programa de auditório na TV são distintos de quem está na bancada do telejornal. Por isso, os debates em torno da conduta dos jornalistas e o próprio papel do jornalismo no imaginário social assumem proporções mais preocupantes, já que o estatuto de verdade de seus produtos e serviços é mais ambicioso que o dos programas que alegram as tardes de domingo. Claro que animadores de auditório também precisam ter responsabilidade sobre o que veiculam em seus programas, mas com jornalismo não se brinca.

Um assunto para todos, jornalistas ou não

No jornalismo, a ética é mais que rótulo, que acessório. No exercício cotidiano da cobertura dos fatos que interessam à sociedade, a conduta ética se mistura com a própria qualidade técnica de produção do trabalho. Repórteres, redatores e editores precisam dominar equipamentos e linguagens, mas não devem se descolar de seus comprometimentos e valores. Podem tentar suspender suas opiniões em certos momentos, mas, se por acaso esquecerem suas funções e suas relações com o público, vão colocar tudo a perder.

Nas redações, há quem diga que o jornalismo se define por uma ética. Se é exagero ou não, o que temos é que o jornalismo é uma atividade humana, que se planta e se espalha na relação entre os humanos. A ética é algo que só existe nesse entremeio, na distância entre as pessoas. É uma exclusividade humana, mas isso não é nem rima nem solução. Quer ver? Mentir a um paciente pode não ser um problema para um médico, mas uma forma de poupá-lo no estágio terminal. Para um jornalista, abandonar o compromisso com a verdade não é um deslize, é uma falha ética e grave. Então, há especificidades no campo da ação humana, da conduta ética. O jornalismo – a exemplo de outras profissões – tem suas particularidades, e não só é necessário conhecê-las como também refletir sobre elas, atualizando-as diariamente. Como se faz nas páginas dos jornais com as notícias.

Isso não interessa só a quem vive dos fatos. Importa a todos. As sociedades, os governos, as organizações, todos são afetados pela mídia. Os estilhaços de realidade que nos bombardeiam pelos meios de comunicação beneficiam (ou prejudicam) a todos. Ninguém está imune, e é por essa presença que a ética no campo do jornalismo deve preocupar não só quem produz informação, mas também quem a consome.

Historicamente, as sociedades tornaram-se mais complexas, e as atividades profissionais – entre elas, o jornalismo – precisaram acompanhar esse compasso. Consumimos notícias com cores fortes e tons pastéis, com traços rápidos e contornos suaves. Os retratos da vida e da morte são lançados diante de nossos sentidos. Com velocidade e força. Alguns relatos se prendem à nossa memória e passam a fazer parte de nós mesmos, como se fossem uma porção de nossa ótica ou de nossa ética. Isso não é pouco.

É claro que Picasso não fez jornalismo com *Guernica*. Fez arte. Mas também fez denúncia social. Jornalismo não é arte, mas sim trabalho duro, responsável e imprescindível para o desenvolvimento das sociedades. Apesar de retratar o horror em preto e branco, Picasso sabia que o mundo tinha mais cores na sua palheta. No jornalismo, a ética ajuda a lembrar o profissional de que há mais matizes entre o fato e o seu relato.

PONTOS DE PARTIDA PARA A DISCUSSÃO

O jornalismo brasileiro evoluiu muito nos últimos vinte anos. Não só do ponto de vista tecnológico e operacional, mas também quanto à compreensão do seu papel na sociedade. As duas últimas décadas contribuíram para o amadurecimento dos jornalistas, das empresas de comunicação e mesmo dos consumidores de informação. Melhorou, mas é evidente que o jornalismo que temos está distante do ideal. Mesmo assim, não se pode ignorar que houve avanços do final do regime autoritário para cá.

Nos anos 1980, a sociedade brasileira ficou frustrada com a derrota da emenda constitucional das Diretas Já, os militares acabaram voltando aos quartéis, Tancredo Neves venceu a eleição, morreu e não assumiu o cargo. Junto dos acontecimentos, a mídia acompanhou tudo isso. O presidente José Sarney congelou os preços em nome da nova moeda, e a inflação explodiu.

Anos 1990. Veio um novo presidente, Fernando Collor de Melo, eleito pelo voto popular, e, do Palácio do Planalto, confiscou os recursos dos poupadores. O cidadão – atônito – assistiu aos fatos pelos meios de comunicação. Collor caiu, Itamar instituiu outra moeda e Fernando Henrique Cardoso tornou-se presidente em nome da estabilidade econômica. A imprensa registrou esses lances.

No final da década, Fernando Henrique vestiu novamente a faixa presidencial, a democracia se consolidou, o câmbio oscilou, virou o milênio. Lula subiu a rampa do Planalto na condição de presidente. Como antes, houve suspeitas e crises institucionais, e Lula vestiu de novo a faixa presidencial. O olhar jornalístico se detem sobre a dança dos nomes (entra um, sai outro), a troca das moedas (corta zero, muda o nome), as denúncias e os escândalos. Às vezes, com precisão cirúrgica; em outras, com alguma miopia ou estrabismo.

Se pudermos dizer que a democracia se consolidou no país e que a estabilidade econômica é uma conquista de que não se deve abrir mão, poderemos dizer também que a sociedade brasileira amadureceu nesses vinte e poucos anos. O jornalismo nacional também. Seus maiores ganhos estão no aperfeiçoamento de técnicas de investigação, na preocupação com o jornalismo de serviços, na segmentação do seu mercado e na especialização de coberturas.

Como o aprimoramento compreende erros, o jornalismo brasileiro acumulou diversos deslizes neste período. Não é demais lembrar do caso da Escola Base em São Paulo, da denúncia equivocada de superfaturamento na compra de bicicletas para os agentes de saúde, acusando o ministro Alceni Guerra, da edição desequilibrada do debate televisivo Lula *x* Collor em 1989, entre outros exemplos. Jornalistas e meios de comunicação erraram, deixando vítimas por toda a parte.

Houve acertos também, como a cobertura minuciosa dos escândalos que precipitaram a queda de Collor, as denúncias sobre a rapinagem na Previdência Social, as revelações sobre os casos de corrupção, envolvendo os ex-prefeitos paulistanos Celso Pitta e Paulo Maluf, o cerco ao juiz Nicolau dos Santos Neto, as insistentes coberturas sobre os anões do orçamento e o "mensalão", e as reportagens que levaram à reabertura do inquérito sobre a morte de Paulo César Farias, o PC... Só para citar os casos mais ruidosos.

Em vinte e poucos anos, desde o fim da ditadura militar em 1985, a sociedade brasileira teve de amadurecer rapidamente, fortalecendo as instituições que considera importantes, reacostumando-se a eleger seus representantes e retomando o curso para garantir as condições de sua cidadania.

O jornalismo não se desprendeu desses movimentos e encontrou um novo papel na vida social. Já não havia mais a censura que tolhia os repórteres, nem a perseguição política aos veículos de comunicação mais vigilantes. Com a Constituição Federal de 1988, uma nova ordem jurídica redesenhava a ordem social no país e dava mais espaço para os diversos atores.

Novos equipamentos colocaram as empresas de comunicação no mesmo nível das grandes produções internacionais. Nova gestão do processo produtivo deu mais agilidade aos departamentos de jornalismo, provocando demissões e extinção de funções, inclusive. (Alguém se lembra do *copydesk* ou do revisor?)

Com o passar dos anos, a sociedade percebeu que poderia exigir mais qualidade, e o debate sobre ética emergiu de forma pulsante. Nos anos 1990, as denúncias de corrupção trouxeram preocupações com a ética pública; os debates sobre o neoliberalismo provocaram discussões acerca de uma nova ética nas relações sociais e humanas, e a constante profissionalização do campo jornalístico absorveu o frescor desse hálito. Se o discurso ecológico trouxe novas preocupações nos anos 1980, na década seguinte foi a vez da ética se tornar a palavra de ordem. Ética na política, ética nas empresas, ética nos currículos escolares, ética na mídia.

Hoje, com um cenário internacional coalhado de conglomerados de mídia e com a permissão legal para a entrada de sócios estrangeiros no mercado local, o debate sobre a ética jornalística não perdeu a sua atualidade, nem a importância estratégica. Afinal, não basta apenas recorrer ao que há de mais moderno em equipamentos, softwares e sistemas para se ter um jornalismo melhor. Não basta também que se formem bem os recursos humanos que povoarão as redações em breve. É fundamental pensar, discutir e difundir um ambiente de reflexão ética nos processos de comunicação.

Por isso, por que não repensar algumas afirmações que nos desviam do que realmente interessa quando o assunto é ética jornalística? Discursos do senso comum cruzam nosso cotidiano a todo momento e (ardilosamente) soterram perguntas que exigem soluções. À medida que essas falas se impõem no pensamento social, a tendência é deixar as coisas como estão, bem acomodadas, embora mal resolvidas. Enfrentar esses mitos ajuda a ver com nitidez os desafios reais que o jornalismo nacional tem diante de si.

Mito n. 1 – "Cada um tem a sua ética"

É muito comum ouvir de profissionais que cada um apela para a sua ética quando tem de escolher entre um caminho e outro no jornalismo. Assim, diante do dilema de publicar ou não a foto do acusado na capa, o editor recorreria aos valores morais que traz de casa, da sua formação pessoal. Com base nesses princípios, viria a decisão de estampar o rosto do suposto autor do crime na maior vitrine do jornal.

De fato, a afirmação é verdadeira. Mas pela metade. Isso porque a ética não é uma dimensão que toca apenas o lado individual das pessoas.

Desde que os seres humanos começaram a sua trajetória pela Terra, organizam-se em grupos sociais, estabelecendo relações entre si. Para conviver em relativa harmonia, foi necessário determinar algumas regras de conduta e normas que orientassem o comportamento e contribuíssem para um equilíbrio coletivo; além de sinalizar o que era certo e o que deixava de ser, o que a comunidade admitiria e o que seria repudiável. A essas regras o homem chamou de valores morais. Eles não são novidades e estão conosco desde o começo. Passam-se os tempos, mudam-se as vontades, mas o homem não descarta a moral nem os valores que ajudam a definir o que é bom e mau, certo e errado.

A moral é isso: um conjunto de valores que orientam a conduta, as ações e os julgamentos humanos. Valores como bondade, justiça, liberdade, igualdade, respeito à vida, entre tantos outros. É com base em valores morais que fazemos escolhas sobre nossas condutas e atuamos diante de situações cotidianas.

Aquilo que os homens fazem com a moral, isto é, como fazem os valores funcionarem, é o que se convencionou chamar de ética. Se a moral coloca normas, padroniza, é dura e sinalizadora, a ética é reflexiva, maleável, praticante e questionadora. A moral é como uma tábua de mandamentos; a ética é o pensamento sobre as regras e nossas relações com o mundo: se vamos ou não acatar as normas, e por que fazemos uma coisa e não outra.

Nesse sentido, a ética é uma prerrogativa dos seres que vivem em conjunto, funcionando nas relações simbólicas e materiais. Como se fosse uma moeda comum entre os seres humanos e os relacionamentos que estabelecem.

Como toda moeda tem duas faces, a ética não é diferente. Tem duas dimensões: uma individual e outra social. Na primeira, são mobilizados os valores pessoais, cultivados pelo indivíduo, suas convicções morais. Na segunda dimensão, operam os valores que absorvemos dos grupos sociais que frequentamos (família, trabalho, amigos, escola, igreja, por exemplo), manifestam-se as vontades e julgamentos coletivos.

Essa condição dupla-face da ética faz com que nossas decisões não sejam tão somente pessoais ou sociais. Se a ética tivesse apenas a dimensão individual, agiríamos com base no que acreditamos ou queremos, independentemente se isso colidisse com o que pensam os outros. Nossos julgamentos e condutas seriam unicamente individualistas, resultantes de nossa razão ou de nossas emoções.

Sabemos que nem sempre é assim. Em diversos momentos, optamos por caminhos que até contrariam nossas convicções, apenas para não afrontar as pessoas que nos cercam. Fazemos escolhas para evitar desgastes desnecessários nos ambientes que frequentamos, para satisfazer conveniências e para harmonizar interesses. Assim, assumimos como nossos os valores da coletividade que formamos.

Às vezes, essas escolhas nem são grandes violências morais internas – até acreditamos naqueles valores –, mas elas não seriam nossas primeiras opções. Suspendemos nosso juízo pessoal e decidimos por saídas orientadas pelos valores do coletivo. Atuam decisivamente aqui as injunções sociais, as pressões dos agrupamentos humanos e os pensamentos coletivos.

Assim, no jornalismo, quando o editor tem de escolher se a foto do acusado sai na capa ou não, ele recorre não só à sua consciência, mas também às regras sociais: a linha editorial da sua empresa, as definições do que é notícia para o jornalismo, uma imagem do perfil moral do seu leitor, o ambiente de concorrência mercadológica, o contexto sociocultural e histórico em que está mergulhado...

Todos esses componentes influenciam na decisão do editor. E mais: o profissional tem de levar em conta que toda escolha provoca consequências, e, por isso, quem decide deve responder por sua opção. Se o editor do exemplo tem o poder de tornar pública a fisionomia de um acusado, ele se torna responsável por aquele ato. Poder implica responsabilidade.

Então, é um mito pensar que cada um tem a sua ética e ponto final, e que cada um decide conforme o que pensa e julga ser o certo. No campo das decisões morais e das ações éticas, as coisas são mais complexas do que parecem à primeira vista.

Mito n. 2 – "Ética é uma coisa abstrata"

Também se escuta com frequência esse discurso. Com alguma justificativa, afinal a ética não consiste mesmo em algo concreto, um objeto, uma coisa aparente e que possa ser tocada. Mas as implicações de uma escolha ética podem intervir materialmente sobre a vida de pessoas e grupos sociais. Isto é, se o editor decidir estampar a fotografia do acusado na capa do jornal, e mais à frente for revelado que o réu não estava envolvido no crime, haverá consequências. Ele pode ser discriminado socialmente, perder o emprego e passar por privações e constrangimentos. Pode ser perseguido em seu bairro, humilhado em locais públicos, por exemplo.

Em nosso exemplo, a atitude do jornalista provocará danos à imagem do acusado do crime, causando também prejuízos financeiros. Embora a ética não seja material, as consequências de um julgamento moral, de uma decisão, podem ser sentidos na pele, sim.

Se a ética não contém uma materialidade de coisa, também não é só uma abstração, uma sombra. Ela é um conjunto de processos mentais e reflexivos que derivam em práticas concretas na vida. Pensamentos levam a julgamentos, que formam conceitos e que motivam ações. Essas ações acabam influenciando pessoas, incomodando outras, aliviando terceiras. Podem gerar benefícios ou prejuízos, cenários positivos e negativos. Um ato não se encerra nele mesmo. Há consequências. De novo, entra em cena a responsabilidade.

O jornalismo é uma atividade social, que revela dados da realidade e interliga fatos desconexos para uma maior compreensão humana. É uma prática que orienta, instrui e denuncia desmandos e desvios. É uma profissão que lida com pessoas, interesses, honras e reputações. É um campo que dissemina afirmações, reforça preconceitos, forma opiniões e organiza (ou tenta organizar) o cotidiano das pessoas. Por isso, a responsabilidade cresce no exercício dessa profissão, já que há muita coisa em jogo.

Em 1994, quando dezenas de repórteres deram crédito a um delegado que queria se autopromover, o país foi informado de que havia uma escola paulistana onde aconteciam orgias sexuais com crianças. O caso da Escola Base é o mais conhecido erro da imprensa brasileira. E as consequências foram trágicas: o colégio foi depredado, os responsáveis, quase linchados. Diretores da escola e funcionários foram desmoralizados, perdendo a chance de se reabilitar socialmente. Isso sem contar que sofreram inclusive danos físicos (por doenças) e transtornos emocionais. Sim, era uma grande notícia – uma escolinha onde se praticavam atos libidinosos com crianças! –, mas a denúncia era vazia. Sim, grande parte das informações foi passada por uma fonte oficial – o delegado que cuidava do caso –, mas as supostas evidências foram tratadas como provas, provocando um grande erro.

A vaidade de um policial, a pressa e despreparo dos jornalistas e o correcorre dos veículos de comunicação, todos esses fatores se somam para compor um cenário de tragédia para as pessoas acusadas de um crime que sequer aconteceu. Os exames de perícia não encontraram vestígios de violência sexual nos alunos da Escola Base. As suspeitas das mães de que havia algo errado desmancharam-se no ar. Mas o grande carnaval já estava montado e os prejulgamentos já tinham produzido culpados.

A ética pode não ser concreta, mas as consequências de uma decisão ética repercutem no plano material. E, dependendo da dimensão do erro, o resultado pode ser fatal. No episódio, a precipitação dos meios de comunicação provocou a desgraça dos envolvidos no escândalo. Provocou também um tipo de morte: a social. Mesmo que o caso tenha sido arquivado, e os acusados, inocentados, eles nunca mais puderam voltar às suas vidas normais. Mesmo que tenham entrado na justiça para buscar compensações pelos erros cometidos, suas vidas não retornaram ao que eram antes, e nunca mais serão as mesmas. A maior perversidade de erros desse tipo é a impossibilidade de serem revertidos.

Os acusados das supostas orgias na Escola Base sofreram uma espécie de morte social. Um tipo de morte pior que a física. Afinal, as vítimas continuam vivendo, e vigora sobre elas uma condenação que as impede de exercer suas atividades profissionais e retomar suas rotinas anteriores. Como limpar a imagem de abusadores infantis que recaiu sobre os acusados? Basta reabrir a escola e reiniciar o ano letivo? Não é tão fácil assim.

Erros jornalísticos podem provocar mortes sociais que mais se parecem com sentenças perpétuas de sofrimento, ou matar de verdade. A perseguição dos fotógrafos à princesa Diana, em 1997, contribuiu com o acidente automobilístico que a vitimou junto com seu par romântico. É outro exemplo bastante conhecido, cujas consequências atingiram bem mais pessoas do que os leitores dos jornais sensacionalistas. Os resultados foram concretos, reais e irreversíveis. Dizer que a ética é abstrata não ajuda em nada. Apenas nos desmotiva a pensar profundamente sobre a natureza de nossas escolhas e a repercussão de nossas ações.

Mito n. 3 – "A ética é uma só"

A produção intelectual sobre o jornalismo brasileiro se expandiu também nos últimos tempos, e o campo de reflexão sobre a ética na profissão foi beneficiado nesse período. Uma das contribuições que mais influenciam a categoria e mesmo os profissionais em formação vem do jornalista Cláudio Abramo, de quem foi publicado *A regra do jogo* em 1988. Nessa coletânea póstuma de artigos, o autor fixa um ponto no universo das condutas jornalísticas: "O jornalista não tem ética própria. Isso é um mito. A ética do jornalista é a ética do cidadão. O que é ruim para o cidadão é ruim para o jornalista". O raciocínio de Abramo é de que o jornalista deve se pautar pelos interesses e preocupações comuns e que não há valores específicos que lhe sirvam de orientação.

Apesar de atraente, a posição de Cláudio Abramo pode ser contestada. O jornalista e professor Francisco José Karam defende em seu *Jornalismo, ética e liberdade*, por exemplo, a existência de uma ética característica no jornalismo, sustentada por valores específicos da área. Para Karam, a afirmação de Abramo está certa no geral, mas não totalmente no particular.

É claro que o jornalista também é um cidadão e possui valores morais e éticos como os de qualquer outra pessoa. Mas, no exercício de sua função, ele seria influenciado em suas decisões por princípios próprios do jornalismo, que é uma atividade de mediação da realidade, porque implica decidir sobre muitos caminhos diariamente, atinge terceiros, forma opinião e registra uma ideia do mundo e das coisas. Enfim, o jornalismo possui um conjunto de valores que ajuda a defini-lo como atividade e sinaliza como se deve agir praticamente.

Um exemplo. A verdade é um valor moral vigente em nossa sociedade. Médicos, bancários, secretárias e garis podem cultivar firmemente esse valor, que encontra um especial acolhimento entre jornalistas, pois o apego ao que chamamos de verdade é um dos pilares de apoio do jornalismo.

Aprendemos a entender o jornalismo como uma prática de busca da verdade, um conjunto de esforços para a transmissão de relatos que se aproximam de como os fatos aconteceram. Por isso, relacionamos jornalistas a pessoas que prezam pela verdade e se regem por ela. Nesse sentido, a verdade é um valor extensivo a todos os cidadãos, mas entre os jornalistas parece pesar mais. Isso não significa que jornalistas sejam mais verdadeiros que as demais pessoas, mas transgredir nesse terreno provoca consequências mais graves para esses profissionais.

O mesmo raciocínio pode ser aplicado em outras situações e grupos sociais. A vida como valor moral tem um peso para médicos e profissionais da saúde, e outro para corretores de imóveis. O mesmo vale para a justiça e os operadores do Direito (advogados, juízes, promotores...), a precisão para os engenheiros, e por aí vai.

Note-se que não estamos mais só falando de ética de uma forma geral, ampla e pretensamente universal, mas sim tratando de deontologia, isto é, de ética profissional, de deveres e valores específicos de uma certa atividade produtiva. Então, se pensarmos em campos de atuação, existem diversas éticas e vários encaminhamentos e posturas. Um autor como Daniel Cornu proclama em seu livro homônimo uma *Ética da informação*. Ele chama a atenção para a necessidade de preocupação com a ética, envolvendo não apenas os produtores de conteúdo jornalístico, mas também seus consumidores e difusores.

Com tudo isso, pode-se dizer que não há um único cinturão moral a que todos os jornalistas recorrem quando dele precisam, conforme sinalizou Claudio Abramo. Médicos e policiais, por exemplo, são cidadãos comuns fora de seus turnos de trabalho. Durante o exercício profissional, ambos mantêm um compromisso com certos valores morais, como o da vida. Entretanto, para fazer esse valor valer, policiais podem atentar contra outras vidas, enquanto médicos não distinguem uma da outra para tentar salvar. A maneira como o valor se configura na prática profissional de cada um deles marca uma ética específica. Poderíamos dizer então que médicos compartilham uma ética própria, diferente da dos policiais e da dos eletricistas.

O mesmo se dá com jornalistas em meio a publicitários ou relações públicas. Os três profissionais estão ligados à área da comunicação, mas seus compromissos éticos são diferenciados: enquanto o jornalista busca a informação precisa, o publicitário dá maior visibilidade ao produto/marca/imagem do cliente, e o profissional de relações públicas harmoniza o contato entre diferentes públicos.

Há momentos em que – para cumprir seu compromisso ético: o de informar bem – o jornalista precisa se indispor com o anunciante de seu jornal (o cliente do publicitário) e com algumas camadas sociais (atitude bem diferente da dos relações públicas). Por quê? Porque o foco das ações de um profissional ajuda a delinear uma ética específica, um perfil de conduta, um conjunto de parâmetros e de padrões de comportamento. Há um *ethos* profissional, um espírito próprio de como se colocar nas situações e de como se relacionar com as pessoas, seguindo certos valores.

No exemplo que envolve jornalistas, publicitários e relações públicas, temos três distintas formas de atuação profissional no campo da comunicação, mas que em diversas situações podem estar em terrenos opostos, em zonas de atrito, conflitando interesses. Pensar que só existe uma ética para atuar é chapar a realidade, tirar a profundidade das relações humanas e a complexidade de sua dinâmica.

Mito n. 4 – "Ética é um assunto acadêmico"

Muito da reflexão teórica sobre as condutas jornalísticas é produzido dentro das universidades, gerando artigos científicos, livros e até mesmo manuais. No entanto, a academia não é o único berço do conhecimento humano. Os saberes se constroem também na prática cotidiana consciente, na repetição, na busca de soluções para problemas e na ousadia de fazer funcionar novas ideias. Nesse sentido, o chamado *mercado* não está imune e refratário às discussões sobre ética. Nem mesmo no jornalismo.

Cada vez mais, as empresas se dão conta da alta competitividade do setor e da extrema necessidade de oferecer serviços e produtos de qualidade. Para o *mercado*, a ética, muitas vezes, responde pelo nome de *qualidade*: jornais bem escritos e bem editados, programas com profissionais de alta credibilidade, portais de notícia rápidos, funcionais e eficientes... Tudo isso chega ao consumidor como evidências de que as empresas sérias e comprometidas se preocupam com a qualidade de seus produtos e, por extensão, com a satisfação de seus clientes.

O público tende a enxergar com outros olhos as empresas que não restringem seus esforços apenas à obtenção de lucro. Esse destaque é positivo. Mas, se no mundo corporativo das comunicações não vigorar a máxima aristotélica de que o homem deve buscar sempre o bem nem houver vínculo entre ética e qualidade, deve haver uma ponte entre esses conceitos.

A edição de alguns manuais de redação e estilo (acrescidos de orientações para a conduta dos profissionais) por parte de algumas grandes empresas jornalísticas e a instituição da figura do *ombudsman* são algumas medidas que dão mais visibilidade à ética no processo jornalístico. Manuais recomendam posturas dos profissionais ao mesmo tempo em que dão satisfações públicas de que a empresa se preocupa com a conduta de seus funcionários. Empregar alguém para receber as queixas do público e levá-las à redação, ou mesmo para fazer críticas à empresa, é uma iniciativa que promove a transparência e a busca pelo aperfeiçoamento das práticas jornalísticas.

Mas a bola não está apenas com as empresas jornalísticas. Há outras ações que estão nas mãos e nas consciências de repórteres e editores. O fato é que a ética não se realiza enquanto uma abstração, um pensamento, uma entidade imaginária. Ela se faz na prática, a qualquer momento, exercida no dia a dia. Não existe ação humana sem implicações éticas. Todo ato provoca consequências, atinge outras pessoas, e toda relação interpessoal tem componentes morais e éticos. Por isso, é um mito considerar que a ética fique restrita a um punhado de conceitos extraídos de uma montanha de livros, pois não é assunto que só diz respeito a velhos professores moralistas. Interessa a todos. A ética está ligada à vida diária, da qual não podemos desviar.

Mito n. 5 – "Ética se aprende na escola"

Como a ética é uma dimensão importante da reflexão humana, ela não fica restrita somente ao ambiente acadêmico, mas está em todos os lugares:

em casa, no trabalho, no círculo de amigos... Por isso, é uma falácia dizer que ética se aprende na escola.

A formação moral de um indivíduo é muito mais complexa do que geralmente se supõe. O desenvolvimento humano de cada pessoa, o livre trânsito por diversos grupos sociais, o contexto histórico-social em que se vive, tudo isso influencia na formação do caráter e na definição da personalidade individual.

Quando o sujeito escolhe uma carreira e vai à universidade, vem de casa recheado de valores morais repassados pelos parentes e por amigos. Já tem condições de estabelecer julgamentos sobre as condutas dos outros e as suas próprias. Dispõe de clareza sobre o que acredita ser bom ou ruim, certo ou errado.

Então, a escola não ensina ética, mas ajuda a reforçar valores, discutir princípios e refletir sobre condutas. Nesse sentido, o papel da escola não é instrutivo, mas motivacional. No caso da formação profissional, é claro que o ambiente acadêmico é estratégico não só para a sinalização do "bom caminho", mas também para determinar as principais fronteiras da responsabilização pelo agir profissional.

No Jornalismo, por exemplo, as escolas de comunicação devem estimular os futuros jornalistas a refletirem também sob os valores específicos da profissão; além de incentivar debates, fomentar o senso crítico e promover um ambiente de discussão acerca dos limites e das responsabilidades do profissional no meio social contemporâneo. Dessa forma, os cursos de comunicação transmitem aos alunos as preocupações que afligem a categoria (ameaças à liberdade de imprensa, perseguição política, enfraquecimento da profissão...) e mostram parâmetros de conduta (apego à verdade, rigor de apuração, distanciamento crítico, parcimônia e equilíbrio...) para que a consciência dos futuros jornalistas seja amadurecida para o bom exercício da profissão.

Portanto, ética jornalística não se aprende nas escolas de comunicação, mas é nesse ambiente que se deve despertar para o exercício ético da reflexão na prática.

Faculdades e universidades podem funcionar como laboratórios de observação do mercado jornalístico. Os trabalhos escolares simulam não só as condições externas reais, como também se propõem a transcendê-las, buscando novos padrões. Isso pode acontecer em qualquer disciplina (técnica ou não). Nas disciplinas que tratam dos conteúdos de ética em jornalismo, por exemplo, os alunos são levados a refletir sobre casos reais, em que as decisões sejam necessárias e imperiosas. Com isso, os alunos mobilizam seus valores, discutem e sinalizam os caminhos escolhidos.

A simulação através da empatia – "Como seria se fosse com você?" – transporta imaginariamente o aluno para a condição de profissional no mercado e o estimula a tomar decisões (também imaginárias). A academia pode ajudar nesse ponto: instrumentalizando os futuros jornalistas a refletirem detidamente sobre certas questões. O professor de ética profissional não pode esperar que "ensine" valores para seus alunos, moldando-os para o mercado de trabalho e para os dilemas que enfrentarão, nem se iludir, pensando que está catequizando seus pupilos. Seu caminho passa mais perto do provocador do que do pastor.

VALORES, CREDIBILIDADE E ÉTICA

O jornalismo está povoado de mitos. Nas páginas anteriores, destacamos apenas alguns, mais relativos à ética jornalística. Mas existem muitos outros fantasmas que assombram as redações e as cabeças dos profissionais. A objetividade plena, a imparcialidade total, o *glamour* da carreira, o poder ilimitado da mídia, todos eles também são mitos que ainda perduram por aí.

Às vezes, as ilusões são muito cômodas porque parecem dar conta de nossas angústias e questões mais fundamentais. Como se a elas respondessem com suficiência. Em alguns momentos, mentir é mais fácil e mais seguro. Evitamos o choque das opiniões, a discussão desgastante e a autoexposição. E há ainda as circunstâncias em que deixar a verdade de lado atende a interesses comerciais, políticos ou ideológicos. Nesses casos, alimentar falsas versões tem função prática e concreta: os ganhos são diretos e palpáveis.

O jornalismo não combina com a ilusão ou a mentira. Por princípio, ele é contrário a isso. Desde que passamos a considerar o jornalismo como uma prática de caráter social voltada para o coletivo, vinculamos as atividades jornalísticas à verdade e à fidelidade dos fatos e versões. O entendimento geral é de que o noticiário nos auxilia a compreender o mundo ao redor e que as manchetes permitem alguma organização dos acontecimentos passados.

Voltamos nossos sentidos aos meios de comunicação como se estes funcionassem como extensão de nossos próprios corpos. As lentes das câmeras são nossos olhos a distância; os microfones e gravadores, nossos ouvidos; tomamos como referências pessoais as impressões olfativas, tácteis e do paladar, captadas pelos repórteres. Enfim, acreditamos nos homens e mulheres que se dedicam a apurar os fatos e traduzi-los à sociedade, e confiamos no aparato tecnológico que dá suporte a esta atividade. Consciente ou inconscientemente, firmamos um pacto de confiança com a mídia, porque acreditamos que o jornalismo é uma forma de narrativa do presente que tem correspondência com o que entendemos por realidade.

Esse vínculo não é natural. Uma construção histórica permite que relacionemos os relatos jornalísticos com a efetiva ocorrência dos fatos no mundo. Isso se dá à medida que tais relatos nos pareçam carregados de verdade. Ou que essas narrativas se assemelhem à imagem que fazemos do fato. Assim é se nos parece.

Se a notícia do jornal traz descrição detalhada de cenas e personagens, se há encadeamento lógico na história contada e se esse conjunto nos parece procedente, damos o aval à matéria. Confiamos.

É claro que as condições que dão credibilidade a uma notícia em detrimento de outra não estão apenas na superfície formal do relato. Levamos em conta outros aspectos, como o meio no qual se veicula a matéria, o autor do registro, o contexto que a cerca, entre outros fatores. Mas a narração, a recuperação do fato pela linguagem, diz muito de sua validade.

Independentemente se essas circunstâncias são todas satisfeitas ou não, o que não se pode ignorar é a necessidade do pacto de confiança entre público e produtor de informação. Sem credibilidade, nenhum veículo de comunicação se mantém. Sem ela, nenhum jornalista se firma no seu campo de atuação. É a confiabilidade que vai distinguir meios e profissionais, em qualquer suporte de transmissão de informação, em qualquer parte do mundo.

O programa jornalístico só permanece no ar por anos porque tem audiência, ou seja, seus telespectadores nele acreditam. Veja o caso do *60 Minutes*, da rede de TV norte-americana CBS. Desde 1968, exibe grandes reportagens e entrevistas marcantes com importantes personagens mundiais. O mesmo acontece com revistas, jornais, programas de rádio e sites noticiosos. A sensação de confiabilidade que inspiram alimenta a sua própria permanência no universo midiático.

Se os meios são confiáveis, dispõem de audiência ou grande circulação; se contam com públicos fiéis ou constantes, esses meios de comunicação são atraentes vitrines para anunciantes; se têm asseguradas as condições para se manter, esses mesmos veículos seguem suas trajetórias. É um círculo virtuoso, uma roda viva constante.

Por isso, tanto as empresas jornalísticas como os profissionais que nelas trabalham precisam ficar atentos para que o pacto de confiança entre público e meio não se rompa, o que colocaria em risco a continuidade dos negócios. Não é uma operação fácil, se pensarmos que o jornalismo é uma atividade que se interpõe entre diversos e conflitantes interesses na sociedade.

Diferentemente da publicidade que promove marcas e serviços, o jornalismo nem sempre é amistoso ou positivo, uma vez que, além de informar e interpretar, investiga, fiscaliza e denuncia irregularidades. Quando faz isso, contraria interesses e cria atritos ao seu redor. Imagine, por exemplo, que uma influente revista publique uma série de reportagens negativas sobre uma empresa anunciante. O mais provável é que a denunciada se irrite com essa exposição ruim e deixe de comprar espaços publicitários na publicação. A revista perde um cliente e, com ele, a verba dos anúncios. Não é demais lembrar que o jornalismo é uma atividade cara e que seus custos são cobertos em grande parte pelas receitas publicitárias. A revista de nosso exemplo é editada por uma empresa, que – como qualquer outra – tem de pagar fornecedores (de papel, de tintas...), salários de funcionários, impostos e outras despesas decorrentes do negócio (equipamentos, energia, distribuição e circulação).

Pensando nesses compromissos e temendo que uma torneira de dinheiro se feche, o proprietário da revista pode se desencorajar a publicar a série bombástica de reportagem contra seu anunciante. Engavetar as matérias é mais fácil e menos desgastante. Entretanto, se uma publicação concorrente trouxer a reportagem, a revista de nosso exemplo pode ser questionada sobre a ausência ou omissão do relato em suas páginas.

Essa cobrança atinge diretamente a credibilidade da publicação, o que a médio ou longo prazo pode afetá-la. Afinal, seus leitores podem se perguntar: a revista que eu assino está de que lado? Do meu ou do anunciante? Será que já deixei de ser informado sobre outros casos semelhantes antes? Que interesses determinam o que a revista publica ou deixa de publicar?

Nosso exemplo ilustra um problema recorrente para o jornalismo e para as empresas do ramo. Todos os dias, questões semelhantes se colocam para editores e administradores, e decisões precisam ser tomadas.

Mais do que apenas mostrar uma situação conflitante, comum no jornalismo, o exemplo da revista aponta para o fato de que a credibilidade dos meios de comunicação não se resolve apenas com cuidados técnicos, mas também éticos. Não basta então que repórteres e editores optem pela melhor foto ou o papel de maior qualidade para a impressão. Se a publicação não demonstrar comprometimento com valores jornalísticos ou preocupação com seu público, terá manchada sua imagem socialmente. Pode ser questionada na sua seriedade, na sua independência editorial, por exemplo. E aí, já estamos no terreno moral.

O fato é que, no jornalismo, técnica e ética caminham juntas, envolvidas. Não se descolam. Assim, a credibilidade nesse tipo de negócio se alimenta de apuro técnico e cuidados éticos.

Vícios e virtudes, valores e pecados

Quando se trata do campo da moralidade, esbarramos necessariamente em certos conceitos. Não se pode falar em moral sem mencionar valores, princípios; nem existe discussão ética sem o julgamento de atitudes e a reflexão sobre a conduta humana. Diariamente, as pessoas se veem diante de situações de escolha, precisando optar por caminhos.

A eleição de uma rota (e não de outra) é um processo complexo que envolve componentes racionais, emocionais, de moralidade e de conveniência social. Escolhemos com base em alternativas, comparando possibilidades, projetando consequências e medindo os efeitos que imaginamos gerar com nossa tomada de decisão. Pesamos as opções e, via de regra, partimos para a que julgamos mais apropriada para aquele contexto. Ou a menos dolorosa, constrangedora ou traumática.

Como já foi dito, necessariamente, as escolhas passam pelo campo da moralidade, pelo terreno minado de valores. Os valores funcionam como balizas, sinalizadores do caminho. A moral se expressa por esses valores, e, como a moral não é universal, os valores variam conforme as épocas e as latitudes e longitudes. Basta comparar: na Europa do século XVI, a honra, a coragem e a castidade ocupavam lugares centrais na vida das camadas nobres das vilas. Hoje, no mesmo continente, coragem se assemelha à valentia, castidade parece fora de moda, e a honra é medida nos tribunais, com vistas em polpudas indenizações. Pioramos? Talvez sim. Mas talvez não, apenas as sociedades mudaram, e o tempo se encarregou de redistribuir o peso e a influência dos valores entre as pessoas.

Mas o que isso tem a ver com jornalismo e ética jornalística? Ora, bastante. Como em outras atividades humanas, o jornalismo está carregado de momentos de escolha, de decisão. Publicar ou não a foto do suspeito do crime na capa do jornal? Manter ou não o anonimato da fonte que denuncia o político poderoso? Omitir ou não a própria identidade para conseguir uma informação? Ouvir o acusado hoje ou na próxima edição? As perguntas são muitas, as opções também.

Não é apenas porque o jornalismo se construa com base nas decisões editoriais que a discussão sobre ética e moral seja adequada aqui. Os meios de comunicação se ocupam das narrativas cotidianas que têm como protagonistas pessoas de todas as partes, o que significa dizer que o jornalismo lida com reputações e honras pessoais, com valores e conceitos, com o imaginário popular, com versões da história e com o próprio senso de verdade e realidade.

A mídia contribui para o julgamento social de pessoas e organizações, às vezes, decidindo sua imagem atual ou mesmo seu futuro imediato. Não é pouca coisa. Se há um poder imenso nas redações, paira também pelas cabeças de repórteres e editores uma grande responsabilidade. Nessas condições, valores, princípios, consciência e caráter não são palavras vazias, retórica acadêmica. Cláudio Abramo, emblemático jornalista brasileiro, já disse certa vez que "o jornalismo é o exercício diário da inteligência e a prática cotidiana do caráter". Nesse sentido, agir com retidão e atuar com responsabilidade e comprometimento ético é tão importante quanto executar com precisão e correção as etapas de produção de uma notícia. No jornalismo, ética e técnica não se descolam.

Como a rotina desses profissionais é recheada de momentos de decisão, é tentador imaginar que os cenários colocados se assemelham sempre a bifurcações morais, como o fim da linha onde dois caminhos possíveis se descortinam. Bem, a má notícia é que nem sempre é assim. O mundo não é em preto e branco, a vida real não é feita de código binário e as opções não se restringem a fazer o certo e fazer o errado. Se fosse assim, seria mais fácil. Bastaria optar pelo caminho do bem e ponto final.

Mas as situações são mais complexas e as tomadas de decisão tornam-se consequência disso, complicando a vida dos indivíduos. Assim, a sensação que se tem é de que se está diante de escolhas igualmente defensáveis, legítimas e dignas. Essas situações são os dilemas éticos, e jornalistas não estão nem um pouco livres deles. Um exemplo ajuda a esclarecer mais a delicadeza e a dificuldade da tomada de decisão em momentos de dilema.

Imagine que, por alguma razão, comece uma disputa por território nas fronteiras do Brasil com a Venezuela, por exemplo. Inicialmente, os dois países discutem a questão por vias diplomáticas, mas, não havendo solução, inicia-se um conflito armado na região. Diversas equipes de jornalistas partem para a localidade para cobrir o fato, e alguns repórteres passam a acompanhar os movimentos das tropas brasileiras enviadas para combater os soldados venezuelanos.

Num determinado momento, um dos jornalistas tem acesso a um conjunto de informações que dão indícios de que há algo errado no exército brasileiro. O repórter passa a investigar a situação e descobre que as tropas nacionais usam armas e métodos condenáveis pelas convenções internacionais e que existe uma teia de corrupção interna que permite a compra ilegal de armamentos e munição.

A pergunta é: o repórter torna públicas ou não essas informações? Se o fizer, atenderá a um princípio jornalístico – o de satisfazer o interesse público –, mas também poderá prejudicar o seu país, inclusive gerando sanções internacionais. Se não expuser o que descobriu, o jornalista contribuirá para a campanha do exército, auxiliando na segurança nacional, mas terá ignorado valores caros à sua atividade profissional.

Trata-se de um autêntico dilema ético. De um lado, estão valores como o apego à verdade, a satisfação do interesse público, a liberdade de imprensa e a independência editorial; de outro, a lealdade ao país, o civismo, o patriotismo e a preocupação com a segurança nacional. Todos os valores são defensáveis, têm legitimidade e servem a causas dignas, mas, na situação criada, não é possível cumprir todos eles. Será necessário optar.

São disputados aí valores do cidadão e do repórter. A decisão fica ainda mais aguda quando lembramos que o jornalista é também um cidadão, tem uma origem pátria e está submetido às regras e aos regimes vigentes no país. Mas as opções colocadas servem a propósitos distintos. Na pele do repórter do exemplo, como você, leitor, agiria? De que forma se poderia atuar sem produzir tantos efeitos colaterais a ponto de provocar danos ao seu redor? O que pesa mais na sua balança moral?

Esta encruzilhada é um dilema ético. Parece uma sinuca de bico, um enigma indecifrável. Mas no jornalismo – como na vida – é preciso agir, tomar decisões e partir para soluções. Afinal, os problemas não se resolvem sozinhos. O drama é que escolher significa responder pelo caminho optado e pelas consequências disso.

No campo da moral e da ética, é comum apontar vícios e virtudes, atitudes elogiosas e condenáveis, assim como condutas criticáveis e irrepreensíveis. No jornalismo, isso também se dá e é possível com alguma facilidade listar virtudes e pecados. As virtudes são qualidades morais que levam as pessoas a praticar o bem, no caso, o bom jornalismo. Tomemos como bom jornalismo aquele cuja prática é correta tecnicamente, cuja conduta se pauta por valores positivos e senso ético e em que há comprometimento social, isto é, exercício jornalístico a serviço da coletividade. As virtudes são as boas qualidades; os pecados jornalísticos, o seu oposto.

Fazer bem e fazer o bem

Hoje em dia, parece que as virtudes estão meio fora de moda, como se fossem ideias antigas, obsoletas. Se alguém se põe a falar de virtudes, logo é tachado de moralista, antiquado ou regulador. Uma pena que isso tenha se desvirtuado tanto. Aliás, veja o termo que acabei de usar: "desvirtuado", isto é, desviado do seu caminho, distorcido, saído do prumo. A palavra traz no seu interior o mesmo radical de "virtude" e daí se deduz que desvirtuar é corromper o sentido, descaracterizar. Assim, o estado de virtude seria o natural das coisas, e homens e mulheres seriam todos bons por definição. Essa é uma concepção aristotélica, que tem cerca de 2.400 anos e que ainda hoje exerce enorme influência na formação de nossos corações e mentes.

Para o filósofo grego, os seres humanos buscam sempre uma coisa – a felicidade – e o caminho para ela passa pelas virtudes, o caminho do meio. Desde Aristóteles muitos já escreveram sobre a essência e o caráter humanos, alguns concordando com as teses do grego, outros nem tanto. Entretanto, passado tanto tempo, não se pode negar a extrema importância das virtudes na reflexão sobre a conduta ética de homens e mulheres. E mais: no vínculo estreito, inquebrável, entre virtude e bem.

Aplicados ao jornalismo – esta atividade tão humana e prosaica –, os conceitos de virtude e bem não pairam no ar, descolados de ações concretas dos profissionais. Bem informados, suficientemente instruídos e tecnicamente capacitados, jornalistas devem ainda trazer consigo valores morais que lhes permitam não só julgar o comportamento de outras pessoas, mas também orientar suas próprias condutas. É nos momentos cruciais de decisão que as virtudes se tornam mais visíveis.

As virtudes são qualidades que contribuem para uma disposição de praticar o bem. Elas se mostram nas situações difíceis, e não nas fáceis. Sob a tentação de transgredir, percebe-se quem tem ou não essa disposição. É resistindo às pequenas e grandes corrupções diárias e mantendo-se firme na direção do profissionalismo e da função social, por exemplo, que jornalistas conseguem se manter no caminho do meio.

Esse percurso exige disciplina, vontade de acertar, consciência do papel social que a profissão encerra, convicção moral e uma certa blindagem contra deslumbramentos e arrogâncias. A profissão oferece um farta quantidade de oportunidades de cair na tentação e se desviar do caminho. Resistir é preciso, mas nada fácil. No jornalismo, como em outras atividades, é necessário buscar uma forma de combinar fazer bem com fazer o bem. Vincular técnica e ética.

No final do século xx, o filósofo francês André Comte-Sponville escreveu o que chamou de *Pequeno tratado das grandes virtudes*. No volume – já traduzido para o português no Brasil –, o autor se vale do pensamento de Spinoza para quem é preferível ensinar as virtudes a condenar os vícios. Assim, Comte-Sponville lista 18 virtudes importantes para a vida atual:

polidez, fidelidade, prudência, temperança, coragem, justiça, generosidade, compaixão, misericórdia, gratidão, humildade, simplicidade, tolerância, pureza, doçura, boa fé, humor e amor. De maneira ampla, essas virtudes seriam cruciais para todas as pessoas nas suas relações humanas, mas, raciocinando de forma específica, o jornalismo poderia exigir uma versão própria dessa lista.

Por exemplo, doçura não combina muito com uma postura mais crítica da mídia frente a outros centros de poder, como o político e o financeiro. Se o repórter for doce com um político suspeito de corrupção, por exemplo, certamente não fará o seu serviço direito. Perigosamente, a doçura fica próxima da conivência ou da complacência com os poderosos.

Nesse caso, ter doçura não é prova de ética, mas de bons modos, bom-mocismo. Mas jornalistas nem sempre são tão bem educados, digamos assim. Em diversas ocasiões, o repórter terá de agir com secura e até rispidez para extrair informações de suas fontes. A docilidade não funciona em circunstâncias nas quais as pessoas envolvidas têm interesses diferentes. Isto é, se a fonte quer esconder algo e o jornalista quer revelações, não haverá uma relação amistosa entre ambos. A doçura não encontra espaço nem forma de expressão.

A generosidade e a polidez, também lembradas por Comte-Sponville, seguem as mesmas regras. Por motivos semelhantes, o jornalismo é uma atividade que nem sempre agrada às fontes de informação e que muitas vezes desagrada a poderosos e influentes. Diferentemente da publicidade, da propaganda ou do marketing, o jornalismo não deve ser promocional, isto é, não deve enaltecer, promover. É uma atividade crítica e incômoda. Uma frase, já bastante conhecida, ajuda a entender um pouco a natureza dessa profissão: "A função da imprensa é confortar os aflitos e afligir os confortados".

Nessa direção, o jornalismo constrói para si uma espécie de missão, de lugar e vocação social: fiscaliza os poderes estabelecidos, investiga e denuncia abusos, luta por uma camada da sociedade. Com isso, fica nítido também que ele é parcial, afinal toma partido. A imparcialidade, sempre evocada, acaba de ir para o espaço. Mas não vamos antecipar essa discussão agora. Voltemos às virtudes listadas por André Comte-Sponville.

O que seria, então, um jornalista generoso? Com quem ele pode ou deve ser generoso? E de que maneira essa qualidade poderia ser demonstrada? Imagine uma jovem repórter que tivesse acesso a uma informação exclusiva, muito importante para a sociedade e com implicações delicadas e repercussões duradouras. Imagine ainda que essa informação pudesse render uma grande matéria, furando a concorrência e beneficiando a coletividade.

Essa repórter deveria compartilhar generosamente essa informação com colegas de outros meios de comunicação? Responda ainda: é possível ser polido, cortês e bem-educado numa ruidosa entrevista coletiva, em que dezenas de repórteres se acotovelam e espremem suas fontes com microfones, câmeras e gravadores? Há espaço para cavalheirismo ou altruísmo em situações de competitividade profissional tão agressiva?

Não se pode esquecer de que o jornalismo é um negócio que se expandiu alimentado por valores como a livre iniciativa, a concorrência e o empreendedorismo. Nesse ambiente, é importante oferecer produtos e serviços de qualidade, que se distingam dos disponibilizados pelos concorrentes e a preços acessíveis. No caso do jornalismo, informação com exclusividade é um diferencial competitivo dos mais preciosos. Para chegar a ela, não se passa por boas maneiras ou regras de etiqueta.

Tanto para o jornalismo que segue as regras do mercado (e vê na notícia apenas uma mercadoria bem fabricada) quanto para o jornalismo que tenta atender ao interesse público, valores como doçura, generosidade ou polidez podem ser descartáveis porque não funcionam. Em todos os casos, não se pode confundir etiqueta com ética, bons modos com conduta bem orientada por valores.

A ética é mais ampla e nos leva à preocupação com as atitudes e com a relação que estabelecemos com as outras pessoas em várias circunstâncias. A etiqueta está mais atenta às aparências e à demonstração de conhecimento e respeito às convenções sociais. Enquanto a primeira está para a essência, a segunda se liga à forma.

Ao fazer distinção entre ética e etiqueta, não estamos afirmando que jornalistas devem esquecer de regras básicas de convívio social e passar a agir sem zelo e desprezar qualquer pessoa em detrimento de seu trabalho. A diferenciação entre uma coisa e outra serve para que não se deixe a segunda se sobrepor à primeira. Se fosse assim, o repórter que cobre uma guerra não deixaria o hotel para acompanhar a ofensiva de uma tropa. Afinal, poderia se sujar, perderia a elegância e corromperia seus bons modos. Besteira. Se ele agir assim, está fora porque o jogo é outro. Sua função é correr atrás da notícia, a sua ética determina isso. A etiqueta, sim, fica em segundo plano.

Ainda de olho na lista das virtudes de Comte-Sponville, é possível destacar algumas muito bem-vindas aos jornalistas em seu cotidiano. Coragem e senso de justiça são muito úteis para orientar os esforços desses profissionais. Com seus opostos, seria impossível ter um jornalismo com alguma função social. Aliás, o que a covardia e o desprezo pela justiça podem ajudar a construir na sociedade?

Prudência, tolerância e boa fé são virtudes que auxiliam a produção de um jornalismo mais zeloso em suas práticas e relações. A imprudência leva ao erro, que pode ser altamente danoso e, o que é pior, irreversível. A intolerância e a má-fé tornam o jornalismo uma máquina de prejulgamentos, punições e atentados às reputações. Em vez de apurar versões e checar informações, jornalistas intolerantes e mal-intencionados fustigam. O jornalista Sérgio Buarque de Gusmão afirma que, nessas condições, o que é para ser jornalismo de investigação se converte em jornalismo de instigação.

Fidelidade, humildade e simplicidade, por suas vezes, permitem que os jornalistas não se deixem levar facilmente por deslumbramentos e mantenham-se mais próximos de seu público, das pessoas a quem eles devem servir. De igual maneira, temperança, compaixão, misericórdia e gratidão são virtudes que enaltecem suas condições humanas. Elas reforçam o jornalismo como uma atividade de inconformismo e transformação social.

Às virtudes do tratado de Comte-Sponville, poderíamos somar outras, também caras ao jornalismo: clareza, correção, precisão, comprometimento social, pluralismo, diversidade, imparcialidade, equilíbrio, empatia, respeito com as fontes e os fatos, curiosidade, responsabilidade, honestidade, incredulidade, veracidade e bom senso. Como as virtudes se provam com as tentações e o pecado sempre mora ao lado, é melhor perceber como se define a ética jornalística na prática, na lida, nos desafios diários.

CUIDADOS ÉTICOS NAS COBERTURAS DE POLÍTICA E ECONOMIA

Na Idade Média, era comum a edição de bestiários, livros que descreviam os demônios e seres imaginários malignos que assolavam os cristãos. Esses bestiários não funcionavam apenas como obras de consulta, mas também como bulas de orientação sobre como agir em situações de enfrentamento. Passados tantos séculos, poderíamos editar também um bestiário jornalístico, um título que descrevesse os principais demônios que rondam essa atividade tão profana. Certamente, um livro como esse seria útil, mas estaria longe de ser original. Alguns autores já se encarregaram de elaborar listas de vícios, atitudes condenáveis e pecados do jornalismo.

Eugenio Bucci, em seu *Sobre ética e imprensa*, cita ao menos duas dessas listas, sendo a mais conhecida a de Paul Johnson, que elenca sete pecados capitais do jornalismo. Eles vão da distorção de informações à invasão da privacidade, passando pelo abuso de poder, pelo assassinato de reputações, pelo culto a falsas imagens e pela superexploração do sexo e consequente envenenamento da mente das crianças.

Listas de pecados da imprensa parecem ser elásticas e crescem à medida que nos aproximamos dos casos reais de erros e injustiças causadas. O rastro de vítimas é longo e reúne anônimos e gente poderosa.

Não é raro ouvir que o jornalismo precisa urgentemente de mais ética. Geralmente, as pessoas se apegam mais aos deslizes que aos acertos. A primeira impressão não é a que fica. A pior impressão é a que fica. Por isso, tal como ocorre com os homens públicos, aos jornalistas não basta serem éticos e corretos; eles devem também parecer éticos e corretos.

Nos dias de hoje, agir eticamente não é apenas um imperativo da consciência, mas também questão de sobrevivência, de posicionamento no mercado e de consolidação de instituições.

O Brasil é um país de dimensões continentais, com uma massa de iletrados vivendo sob as asas de uma das maiores democracias do planeta; é um território recheado por uma grande diversidade étnico-cultural, integrada por um sistema de comunicação oligopolizado e ainda muito ligado aos poderes centrais. Para se pensar numa ética para o jornalismo brasileiro, deve-se levar em conta essas condições, bem como o fato de que se deve atender aos interesses do público, da coletividade, da maioria, além de dar visibilidade ao direito dos cidadãos de terem uma comunicação melhor.

Fama, vantagens financeiras e *glamour* são ilusões despertadas pelo jornalismo aos mais desavisados, corrompendo novatos e decanos. Uma ética para o jornalismo passa pela real noção do verdadeiro papel dos jornalistas no contexto atual: eles devem atuar como agentes de transformação da sociedade, conscientes de suas responsabilidades, e ter visão aguda para os seus limites. O encontro de uma ética nessas condições é resultado de busca coletiva, discussão, compreensão e amadurecimento não só da categoria dos profissionais envolvidos como de toda a sociedade. Não é algo fácil. Mas ninguém disse que chegaríamos a isso tão rápido.

Por isso, a dificuldade não é só agir direito, dentro de padrões aceitáveis, mas também apontar o que é ético e o que não é. Não basta só rotular que fulano é um jornalista ético e sicrano demonstra ser um crápula. A reflexão sobre deontologia e sobre os limites éticos da atuação profissional vai além do ato de carimbar, de certificar idoneidade moral. Mais importante que posar de dono da verdade, de rei das virtudes, é a nossa capacidade de analisar dilemas éticos práticos em que se deve tomar decisões. Como em um crime, o que conta são as circunstâncias. Os detalhes vão permitir que se avaliem as condutas dos profissionais, os valores que as sustentaram e o grau de sua aceitação.

É bem mais fácil julgar o comportamento de pessoas quando não se está diretamente envolvido nas situações de escolha. É cômodo e seguro. Mas o exercício de se projetar na posição e no momento desses dilemas é pedagógico: podemos aprender com casos reais, reforçar entendimentos e evitar a repetição dos mesmos erros observados. Esse exercício é positivo para aspirantes e profissionais já estabelecidos. A disposição de fazê-lo é o que mais importa.

Medir distâncias

O experiente âncora da TV norte-americana Walter Cronkite dizia que "poder e mídia são inseparáveis, embora inconciliáveis". Sua fala nos remete à própria história do jornalismo, que se desenvolveu estreitamente ligado ao desenvolvimento do capitalismo e aos avanços tecnológicos e nunca esteve longe da política. Aliás, o jornalismo não pode estar distante dos centros decisórios, seja porque também se constitua um importante *player* no jogo das relações sociais, seja porque precisa cobrir e acompanhar esses movimentos. Mas estar próximo da política é uma coisa, confundir-se com ela é outra. O drama, para jornalistas e empresas, é gerenciar as distâncias entre suas fontes sem desviar-se das funções que diz desempenhar.

Nas redações, circula uma fórmula para enfrentar essa situação: o jornalista deve estar próximo da fonte o bastante para extrair o que interessa e distante o suficiente para não se confundir com a notícia. A frase é bonita, mas como seguir essa orientação de forma prática? Como repórteres podem cobrir fatos delicados a uma distância segura? De que forma se estabelece uma relação com a fonte em que haja confiança, ética e segurança? O que determina os termos para esse pacto? A notícia ruim é que não há respostas confortadoras para essas questões.

Não existe uma só maneira de lidar com fontes, afinal elas são distintas, bem como os repórteres que as procuram e as condições em que se encontram. O fato é que não se faz jornalismo sem fontes de informação, assim como não se tem notícias sem apuração, checagem de dados e confirmação de versões. Dessa forma, jornalistas dependem de suas fontes e precisam confiar nelas, mas, ao mesmo tempo, devem nutrir uma permanente descrença das informações que lhe são passadas. Confuso, não? Mas é assim que acontece todos os dias.

Sem a dúvida, sem a desconfiança, repórteres e editores aceitariam passivamente as informações de suas fontes, podendo se converter em meros transmissores das versões que interessam a essas fontes. O jornalismo fica sem crítica, sem contraponto, sem o contraditório, sem o outro lado. Seus profissionais ficam reféns fáceis dos interesses privados de grupos e pessoas, deixando os interesses coletivos em segundo plano. Quer dizer: o jornalismo deixa de ser jornalismo.

Para evitar esse perigoso desvio, convém checar as informações, investigar, apurar e comparar relatos. O jornalismo se distingue da fofoca, do boato e do diz que diz por esse compromisso de oferecer informação confiável e responsável, entre outras importantes diferenças. Por isso, todos os dias, jornalistas saem às ruas, ligam para suas fontes, entrevistam, pesquisam e investigam. Não é possível fazer jornalismo sem sujar as mãos, isto é, sem deixar a redação e cair no mundo. Não se faz omelete sem quebrar ovos!

Outra coisa: não existe distância segura. Repórteres é que vão dar a medida que os distancia de suas fontes, às vezes mais perto, em outras, longe. Os contatos iniciais são sempre mais protocolares, institucionais: é o repórter do *Jornal do Brasil*, que solicita entrevista do líder do governo na Câmara Federal, a repórter da revista *Veja*, que tenta falar com a governadora do Pará... Os contatos seguintes dão noções mais claras para o jornalista de como ele irá cultivar essa relação com suas fontes.

Disposição, disponibilidade, simpatia, presteza e cortesia, por exemplo, funcionam como sinais verdes. A conversa pode avançar, render mais. Por outro lado, resistência, desprezo, laconismo, "corpo mole" e antipatia são sinalizações de que o repórter terá de buscar outros meios de convencer a fonte falar ou mesmo descartá-la. Como já foi dito antes, existem situações em que o jornalista deverá se impor mais, já que falta boa vontade do lado de lá.

Os argumentos a seguir ajudam a quebrar certas barreiras:

- "Diretor, essas informações são de caráter público e o senhor não pode retê-las."
- "Mas o povo tem o direito de saber, deputada!"
- "As informações que lhe pedi são de interesse da sociedade, senhor."
- "Por que o senhor não quer falar sobre isso, governador? Tem medo do quê?"

- "Fugindo das perguntas assim, mais parece que a senhora está escondendo algo, senadora..."
- "O senhor se diz proibido de comentar o caso, mas baseado em que lei?"
- "Sei que os seus negócios são privados, mas as consequências da atuação da sua empresa afetam a sociedade. Ela não tem o direito de saber?"

Nunca é demais lembrar: as relações com as fontes não são de amizade, mas sim relacionamentos profissionais, moldados por interesses dos dois lados. Jornalistas querem informação; fontes querem dar suas versões, vê-las em público. Jornalistas devem orientar seus esforços pelo interesse público, que muitas vezes colide com os desejos das fontes de informação, geralmente guiadas por interesses privados. Essa é, portanto, uma relação tensa ou que pode vir a sê-la.

Entre políticos e gabinetes

Como em qualquer cobertura jornalística especializada, a que se dedica ao meio político tem condições que lhe são próprias e que a tornam mais delicada em determinadas situações. Cobrir os centros de poder político requer preparo técnico, apurado senso ético, sensibilidade, inteligência e um constante sinal de alerta ligado. A política é um assunto importante que interessa a todos na sociedade, mesmo àqueles que não manifestem isso, e uma das principais formas de disputa, mediação e harmonização das vontades sociais.

Uma sociedade não é um creme homogêneo, em que todos pensam, sentem e agem da mesma forma. Pelo contrário: grupos sociais são sempre heterogêneos, mantêm interesses conflitantes e constroem visões diferentes da sociedade, por isso atuam em frentes distintas de construção coletiva. A política provoca a interação entre os grupos e ajuda a definir as direções para o desenvolvimento da coletividade. Decisões políticas afetam a todos, em alguma medida. Queiramos ou não. Por isso, política é importante. E o que é relevante para o público importa ao jornalismo.

Para cobrir os movimentos políticos, deve-se frequentar os ambientes onde eles se dão. São os gabinetes dos parlamentares, as sedes dos governos, os corredores e plenários do Poder Legislativo, os palácios de justiça, as reuniões e convenções partidárias, os encontros de lideranças, as inaugurações de obras, os compromissos da agenda de campanha e os bastidores do poder. Quanto mais decisivos e influentes os personagens em cena, maior a responsabilidade na cobertura, já que as repercussões dos relatos podem trabalhar contra ou a favor dos movimentos iniciados. Quer dizer: os políticos (e a própria sociedade) veem elementos da política no trabalho da mídia. Ela não apenas torna públicos os fatos, mas pode interferir neles conforme a direção que der aos relatos. Essa dimensão política é geralmente negada pelos meios de comunicação, que argumentam apenas querer repassar notícias, mas essa atitude não diminui nem um pouco a pressão a que estão submetidos.

Por falar em pressão, ela sempre é maior onde há mais jornalistas reunidos. Essa concentração significa duas coisas: concorrência e importância do acontecimento. Na cobertura de política, a busca pela informação exclusiva, pela notícia explosiva e pela denúncia é muito maior em Brasília do que no Rio de Janeiro, por exemplo. Na capital federal, existem sete mil jornalistas batendo ponto e fazendo marcação cerrada nos mesmos centros de poder. Todos os principais veículos de comunicação do país mantêm suas sucursais naquela cidade. Esse ambiente saturado, altamente competitivo, e que reúne muitos interesses políticos contribui para a satisfação desenfreada das demandas impostas pelas cúpulas da mídia e pelo público. Mesmo que essa satisfação implique transgressão ética.

Alta exigência, pressão constante e grande concorrência são ingredientes que, somados, podem resultar num certo afrouxamento moral e consequentes atitudes que contrariem valores éticos. Para furar seu colega de profissão, um jornalista acaba desprezando procedimentos básicos que não só comprometem a qualidade técnica de sua reportagem, como também contrariam a orientação ética de sempre ouvir todos os lados da história, por exemplo.

Algumas falhas, inclusive, são cometidas em nome do profissionalismo, o que não justifica a sua ocorrência. Para inserir a denúncia na edição do dia, o editor atropela as regras do bom jornalismo, descartando a exigência de mais apuração dos dados. Ora, há algo de muito errado quando se falha eticamente para manter uma atitude profissional. Esse é um falso dilema, uma contradição que não resiste a cinco minutos de contra-argumentação.

Isso quando não ocorrem episódios mais graves como ceder a pequenas e grandes corrupções. Personagem de meio século na crônica política nacional, o ex-senador e ex-governador da Bahia Antonio Carlos Magalhães tinha um método astuto para definir e diferenciar os profissionais da imprensa: "Existem dois tipos de jornalistas: os que querem informação e os que querem dinheiro. Você não pode dar dinheiro àquele que busca informação e nem informação aos que querem dinheiro". Se verdadeira ou não, a tipologia ilustra as tensas e delicadas relações mantidas por políticos e jornalistas.

Quem detém mandato político geralmente vê nos meios de comunicação formas de tornar público e massivo seu trabalho. O prefeito espera ver nos jornais da cidade as inaugurações de obras e as ações de governo. A deputada anuncia na entrevista pelo rádio as emendas que aprovou no orçamento e que devem beneficiar a região. A mídia pode servir de canal para tais informações, mas não apenas isso. Jornalistas querem saber, por exemplo, por que o prefeito não aplica verbas nos bairros onde tem opositores, ou por que a deputada está sendo acusada de tráfico de influência. O jornalismo não lustra apenas a estrela do xerife. Às vezes, informa que o xerife chantageou, abusou do poder.

O relacionamento entre políticos e jornalistas segue em lua de mel até que interesses sejam contrariados de um dos lados. Se a deputada tenta esconder o que o jornalista quer revelar ou ele se mete demais nas ações do prefeito, teremos problemas. Jornalista, chargista, humorista e intelectual saliente, Millôr Fernandes costuma dizer: "Imprensa é oposição. O resto é armazém de secos e molhados". Como o âncora norte-americano Walter Cronkite, aqui também mídia e poder são inconciliáveis.

Nesse sentido, poderíamos perguntar: a mídia nunca pode cooperar com o governo? Essa é uma situação muito delicada, principalmente porque podem estar em jogo os interesses da população ou as regras do jornalismo. Não convém ao jornalismo ficar a serviço de governos, mas sim fiscalizá-los e denunciar ações inapropriadas e danosas à coletividade.

O presidente da República pode solicitar aos jornalistas sigilo sobre determinada informação que diz ser de segurança nacional. Antes de concordar ou não com o presidente, os repórteres terão que refletir e discutir com seus editores se concessão aos apelos governistas é mesmo um caso de interesse público, uma razão de estado ou só uma jogada política.

Nesse episódio, a separação do joio do trigo não só assegura o direito do público de ser bem informado como também demarca as fronteiras entre mídia e política. Talvez se os meios de comunicação fizerem concessões agora, será mais difícil dizer não em outras circunstâncias, o que pode comprometer sua independência editorial.

Para quem cobre o meio político, muitas questões éticas cercam o relacionamento com as fontes de informação. Em quase todos os casos, se o profissional deixa de seguir um procedimento técnico básico, sua ação pode ser questionada eticamente. É a historinha do repórter que confia cegamente no dossiê que chega à redação. A pasta de documentos traz textos, fotos e arquivos em áudio e vídeo que incriminam um grupo político.

O material é farto, convincente e a denúncia é grave. A publicação do fato trará repercussões de longo alcance no meio: ruptura numa aliança partidária, queda de ministros ou acirramento das forças políticas. Qualquer manual básico de jornalismo recomendaria a checagem exaustiva da veracidade das informações contidas no dossiê, mas tanto o repórter quanto seus editores têm grande apetite por furos jornalísticos. Eles querem derrotar a concorrência a qualquer custo, mesmo que, para isso, seja preciso esquecer as regras profissionais ou suspendê-las por algum tempo.

O telejornal principal traz a denúncia a público, e as reações nos meios político e jornalístico são imediatas. Os políticos envolvidos no escândalo negam sua participação, e os meios concorrentes apressam-se para cobrir o fato ao mesmo tempo em que questionam as bases da denúncia. Os dias passam e, cada vez mais, ficam evidentes as suspeitas de falsidade do dossiê e manipulação de informações. Finalmente, quando peritos atestam o golpe, duas ações são desencadeadas pelo conjunto dos meios de comunicação: a primeira é investigar quem teria forjado o dossiê; a segunda é condenar os jornalistas por seu comportamento antiético.

Quais teriam sido as falhas éticas dos profissionais de nosso exemplo? Ao desprezar os procedimentos básicos de apuração, os jornalistas permitiram o prejulgamento da culpa dos denunciados, afastando a oportunidade de contestação da história. O telejornal não serviu como um meio de comunicação, mas de condenação prévia dos acusados. E mais: funcionou como propagador de informações falsas, causando prejuízos às reputações dos envolvidos.

Mentir é uma falha gravíssima no jornalismo. O telejornal foi usado pelos produtores do dossiê como uma arma contra um determinado grupo político. Serviu a propósitos restritos, deixando de apurar corretamente as informações. Fez isso porque a intenção era chegar antes da concorrência. Uma combinação perversa como essa contraria frontalmente o interesse público.

Em outras situações, o repórter corre o risco de confiar na fonte, mas não abandona os procedimentos rotineiros da profissão. Um caso clássico ilustra com precisão como o relacionamento entre repórter e fonte pode ser tenso, delicado e, ao mesmo tempo, benéfico para a coletividade, mesmo que nem todos os detalhes sejam revelados publicamente. O episódio é o que reúne dois jovens repórteres do *Washington Post* e uma série de reportagens investigativas no começo da década de 1970.

O chamado Caso Watergate começa com a queixa de invasão da sede do Partido Democrata. O que parecia ser uma história policial ganha outros contornos quando se passa a suspeitar de que a ordem para a invasão teria partido da Casa Branca e por motivos de espionagem. À época, Richard Nixon, do Partido Republicano, era o presidente norte-americano. Entretanto, os repórteres Bob Woodward e Carl Bernstein direcionam a investigação por meio de uma fonte anônima, personagem esquivo que frequenta os altos círculos do poder, mas que não admite revelar publicamente sua identidade.

Woodward, que é procurado pelo anônimo, aceita os termos do trato e passa a ter encontros secretos com ele. Apelidado na redação do jornal de "Garganta Profunda", a testemunha orienta o jornalista a onde encontrar informações que esclareceriam o episódio aparentemente cotidiano. Woodward e Bernstein vão a campo: entrevistam pessoas, reúnem documentos e montam o quebra-cabeça que iria precipitar a renúncia de Nixon à presidência em 1974.

Pelo bom trabalho de investigação, a dupla ganhou prêmios, prestígio e dinheiro. "Garganta Profunda" ficou incógnito por 33 longos anos, uma vida. Em maio de 2005, a revista *Vanity Fair* trouxe uma entrevista em que William Mark Felt, um insuspeito nonagenário, admitia ser o secreto informante do Caso Watergate. Não foi o patriotismo que levou Felt a fazer as revelações à época do escândalo, mas sentimentos menos nobres: inveja e rancor. Número 2 no comando do FBI, Felt esperava assumir a agência de inteligência assim que o titular se aposentasse. Acontece que o presidente Nixon nomeou outro diretor para o posto. Felt quis ver o circo pegar fogo.

A história do maior segredo do jornalismo investigativo pode ser conferida no livro *O homem secreto*, assinado por Bob Woodward. Nele, o repórter não só atualiza a história contada no volume *Todos os homens do presidente* (que escreveu com Bernstein), mas também expõe as bases em que apoiou o relacionamento com sua fonte secreta. Como não poderia ser diferente, foi difícil lidar com alguém tão poderoso, em circunstâncias tão delicadas e sob a condição de manter sigilo absoluto sobre a identidade da fonte.

Woodward era trinta anos mais jovem que seu interlocutor, não ocupava nenhum posto de destaque no jornal e nunca teve as rédeas do caso nas mãos. Eles se conheceram antes de Woodward tornar-se jornalista, Felt tinha a idade de seu pai, e essa relação pessoal, mesmo que num grau menor, ajudou a compor o relacionamento de décadas depois, entre repórter e fonte. Essa história mostra como as coisas podem se dar nas lidas jornalísticas cotidianas: o repórter se aproxima demais da fonte, perigosamente. Os papéis se misturam, confundem-se.

Mas jornalistas precisam de fontes, e fontes precisam de jornalistas para fazer circular suas versões. O jornalismo se equilibra também sobre essa dinâmica gangorra. Uma palavra de ordem manifesta preocupação recorrente entre jornalistas: "cultivar a fonte". Quer dizer, é preciso aproximar-se dela, ganhar sua confiança, extrair as informações necessárias e manter um bom relacionamento de modo que, em momento oportuno, se possa voltar a ela e novamente se abastecer com outros dados.

A relação entre fonte e repórter é regida por alguma confiança mútua. A fonte acredita que sua versão não será distorcida ou pervertida. O profissional crê que as falas de seu entrevistado estão próximas do que efetivamente ocorreu.

A ligação entre Woodward e Felt conservou um segredo por 33 anos, envolto em laços de extrema confiança. Houve entre eles um certo tipo de amizade: não tinham contatos frequentes nem se visitavam, mas compartilhavam um segredo capaz de fazer desmoronar a cúpula da República.

A série de reportagens no *Washington Post* fez respingar lama em gente graúda do FBI e do governo. Felt chegou a ser perseguido por causa dos vazamentos oficiais, responsabilizado e até mesmo condenado. Não foi fácil para o oficial, e Woodward escreve ter sentido remorso e desconforto diversas vezes, um mal-estar que reforçava a necessidade de se calar sobre o "Garganta Profunda". Parecia ter contraído uma dívida que deveria ser honrada. Woodward não só guarda o segredo, mas protege a fonte espalhando pistas falsas ao longo dos anos, de forma a desviar o olhar e as apostas dos que queriam adivinhar o nome por trás dos vazamentos. Para o repórter, proteger Felt "era uma questão do meu trabalho, uma questão de honra".

Parece cristalino que Woodward foi bem longe no relacionamento com sua fonte, podendo, inclusive, ter errado, poupando-a de julgamentos mais críticos. Mas como proceder nesse caso? Que tipo de pacto se firma com um informante? Até onde se pode ir com isso? Woodward justifica: "Garganta Profunda era alguém que sabia – um informante do lado de dentro –, mas era igualmente uma pessoa que dramatizava os limites do jornalismo. Não há soro da verdade. Informantes jogam com suas próprias regras. Os melhores informantes não dizem quais são essas regras".

Repórteres que cobrem os movimentos da política são os que mais recebem propostas de relatos *off the record*, isto é, a fonte aceita dar a informação desde que seu nome não seja veiculado. Conta-se o milagre, mas não o santo. Temendo a manipulação de consciências e de dados, algumas empresas jornalísticas proíbem enfaticamente seus profissionais de concordarem com essas condições. Há quase quarenta anos, Bob Woodward e Carl Bernstein (e seus editores) chegaram à conclusão de que valia a pena correr o risco. Mas a pergunta permanece: para conseguir a informação, até onde se deve aceitar que a fonte dê as cartas?

Convertendo números em histórias

Assim como o jornalismo político, o noticiário de economia tem alta importância no cotidiano das pessoas, afinal o impacto de medidas governamentais e os movimentos da cadeia produtiva afetam-nas diretamente todos os dias. Não é à toa que política e economia dominem tanto o tempo dos telejornais ou as páginas dos meios impressos de informação.

Nas últimas duas décadas, os profissionais que cobrem economia têm ampliado seus raios de atuação e encontrado diversas formas de oferecer seus serviços. Ninguém pode negar: cada vez mais, as preocupações de ordem econômica são centrais em nossas vidas, e ter informações atualizadas, precisas e corretas é fator de sobrevivência. Nessa área, quem pode contar com informações exclusivas ou privilegiadas sai na frente, tem mais condições de fazer melhores negócios ou perder menos dinheiro. De maneira concreta: informação é poder.

Se o pequeno produtor de tomates tem a sua disposição um eficiente serviço de meteorologia, sua estratégia de manejo do solo sofre menos com os imprevistos do clima. E claro: o agricultor pode evitar prejuízos. Se o investidor recebe um informe de alerta sobre a situação financeira das empresas em que aplica seus recursos, suas decisões serão outras no mercado de capitais. Se a dona de casa estiver bem informada sobre a supersafra de cereais, ela poderá planejar a compra de outros alimentos com a queda dos preços do arroz e do feijão. Em todos os exemplos, estar atualizado vai fazer a diferença para os personagens. Logo, a informação de caráter econômico é estratégica, fundamental para todos.

A economia é um sistema que interliga diversos atores sociais. Nem todos têm os mesmos interesses: o que pode ser crise para um, torna-se oportunidade para outro. A alta do dólar faz cair as importações, mas auxilia as empresas brasileiras que vendem para o exterior. A seca nos pastos prejudica a criação de gado, mas pode impulsionar o consumo de carne suína ou de frango. O reajuste salarial acima da inflação desagrada o empresariado, mas injeta mais dinheiro no comércio e faz girar a roda do consumo. Porque existem interesses distintos na sociedade, o noticiário de economia deve ser amplo, plural, evitando estar a serviço de um grupo social ou outro. Essa preocupação é de natureza ética para o jornalismo econômico.

Um primeiro cuidado a ser tomado é com a linguagem. Oferecer notícias claras e acessíveis é uma condição básica, embora haja quem sempre se queixe da dificuldade de entender o que a seção de economia traz no jornal. O abuso dos termos técnicos e a pouca explicação do funcionamento da economia tornam obscuras as notícias da área.

O jornalista precisa desdobrar siglas, traduzir palavras de outros idiomas e oferecer exemplos que ilustrem melhor os fatos. Deve também contextualizar os acontecimentos, mostrar as conexões entre causas e consequências econômicas e sempre trazer a notícia para o universo cotidiano do público.

Se o noticiário visa ao público geral, desabituado com a linguagem técnica e especializada, essas orientações devem ser seguidas para que as informações cheguem mais longe.

Essa linguagem difícil – o economês – atua como uma barreira, que impede o entendimento das notícias da área, e cria um fosso entre quem compreende o relato e quem fica na ignorância. No jornalismo econômico, a linguagem atua como um instrumento de poder e dominação. Se o público-alvo está mais acostumado ao jargão da economia, as matérias podem ser menos didáticas, mas igualmente claras. Tudo é uma questão de adequação de linguagem ao público a que se destina.

Vencido o primeiro obstáculo – o muro das palavras –, o cidadão comum vai se deparar com relatos que podem ter sofrido contaminação de outros agentes, como a distorção, a omissão ou outras formas de manipulação informativa. Como em outras editorias, o direcionamento do noticiário de economia pode ser disputado por grupos produtivos. Embora se queira dar a impressão de que as notícias são os fatos crus, nunca é demais lembrar que a economia é um conjunto de atividades humanas, executadas por homens, mulheres, empresas e mercados. Portanto, as ações são sempre motivadas, atendem a critérios de escolha e levam a outras tomadas de decisão.

Os fatos não dizem por si mesmos, jornalistas medeiam. Isto é, repórteres, redatores e editores ligam o mundo dos acontecimentos ao mundo dos consumidores de informação. Essa intervenção não é isenta, embora se busquem formas de menor interferência, que atuem para uma maior objetividade dos relatos informativos. De qualquer forma, dá muito trabalho converter números em histórias. Jornalistas de economia fazem isso todos os dias e precisam se desviar de uma grande quantidade de perigos profissionais. Um dos mais comuns é o deslumbramento diante dos ecossistemas frequentados.

Em grandes veículos, o repórter de economia entrevista ministros, banqueiros importantes e empresários milionários. Entre os seus contatos, estão grandes pecuaristas, executivos de multinacionais, industriais, financistas e especialistas, que ditam a política econômica nacional. Em veículos menores, não é diferente: o repórter da área também lida com gente influente, responsável por decisões importantes na comunidade.

Cercado de personagens tão poderosos, não é raro que o jornalista se deixe impressionar por cifras e histórias. O fascínio inicial leva ao deslumbramento. O jornalista se ilude: esquece-se da sua função social, do seu papel. Pensa que é importante não porque faça bem seu trabalho, mas porque almoce com o secretário da Fazenda ou jante com a economista de sucesso. Seduzido, o senso crítico do jornalista parece entorpecido. Desarmado da incredulidade, o repórter não oferece mais resistências e aceita versões como fatos inquestionáveis. Alerta vermelho!

Um caso de repercussões internacionais ilustra essa fragilidade. Em 2002, os meios de comunicação norte-americanos tiveram que admitir que não eram totalmente verdadeiras as informações por eles veiculadas sobre a Enron, gigante mundial na área de energia. O escândalo explodiu quando veio à tona que os balanços da multinacional eram maquiados, enganando os acionistas, o mercado, o governo e a sociedade.

Diante do alto poder da empresa, a mídia especializada nunca duvidou das informações oficiais de que tudo ia bem nas contas. A obrigação era duvidar, checar, investigar. Apequenados pela sombra da empresa, os meios de comunicação engoliram por anos o discurso de que os números do balanço eram robustos. A descoberta da fraude precipitou uma crise de credibilidade corporativa, já que casos semelhantes vieram a público. A desconfiança também atingiu a mídia, comprometida até o pescoço com a conservação das forças hegemônicas.

Em situações como esta, de alto atrelamento dos meios de comunicação com centros de poder, o noticiário traz histórias com apenas um lado, funciona como veículo ideológico e informa pela metade. Jornais assumem um dado discurso, comprometem o equilíbrio de seus informes e ficam com o "rabo preso". O pior disso é quando negam privilegiar um lado em detrimento de outro. O que já era preferência, agora atende pelo nome de mentira. Uma questão ética gravíssima para o jornalismo.

Outros comportamentos igualmente questionáveis acontecem na cobertura de economia. Ao conviver com fontes tão bem informadas, o jornalista pode ter acesso a dados privilegiados. É certo, por exemplo, que use essas informações em proveito próprio? Imagine um repórter que cubra o mercado de capitais. Certo dia, tendo acesso antecipado a relatórios financeiros, esse cidadão decide investir na bolsa de valores justamente nas empresas que devem render mais. É justo fazer isso? O jornalista pode usar sua condição ou posição para obter vantagens pessoais?

Uma empresa de comunicação pode deixar de dar informações desabonadoras de seus anunciantes? Que preço tem uma omissão dessas? Pense numa rádio de uma cidade no interior. Essa emissora recebe verbas publicitárias de uma hidrelétrica da região. Uma equipe de reportagem descobre, por acaso, que os relatórios de impacto ambiental que permitiram a construção da usina foram todos obtidos por meios ilegais num ardiloso esquema de corrupção. A emissora vai trazer essa história a público? Vai renunciar ao contrato publicitário e abrir mão de um poderoso anunciante para informar o fato à população? Se decidir fazê-lo, vai suportar quando a usina fechar as torneiras para o seu departamento comercial? Uma questão gerencial: como garantir a sobrevivência financeira de uma pequena empresa de comunicação e, ao mesmo tempo, protegê-la da interferência editorial de seus anunciantes?

Situações semelhantes existem em todas as partes do país. Os governos – municipais, estaduais ou federal – sempre são grandes anunciantes e "amarram" as mãos das empresas de comunicação. Nessa situação, jornalistas conseguem fazer um trabalho crítico de cobertura das políticas econômicas? Há margem para repórteres monitorarem os gastos públicos ou para desconfiarem dos números da arrecadação de impostos? Governantes mal-intencionados podem cooptar comunicadores para a veiculação exclusiva de boas notícias? Como pequenas empresas de mídia podem evitar cair na tentação de se tornarem porta-vozes oficiosas do governo?

Trazendo o universo de dúvidas para o cotidiano dos repórteres que cobrem economia, temos um desfile de tentações. A recém-formada é escalada para entrevistar o dirigente de uma empresa de telecomunicações. Após responder só o que quer e se empenhar em mostrar o lado positivo dos seus produtos, o entrevistado presenteia a jovem repórter com um telefone celular moderníssimo. Ela tenta não aceitar, mas cede ao ouvir que não se tratava de um presente, mas um modelo que demonstrava a alta qualidade dos serviços oferecidos pela empresa de telecomunicações. A oferta é uma forma de corrupção? A profissional pode levar o aparelho consigo? Se aceitar, como poderá manter uma distância que lhe permita ser crítica em sua reportagem? Como uma jovem repórter, que anseia cultivar fontes e ascender na carreira, pode dizer não a uma poderosa fonte de informação?

Espalhando mais as brasas dessa fogueira, repórteres podem receber brindes em horários de serviço? E presentes, mimos de final de ano, como garrafas de vinho ou relógios? Jornalistas podem deixar que suas fontes paguem o almoço? Que tipo de oferta deve ser aceita? A fonte se ofende se o repórter negar? Como fugir ou evitar situações que constranjam as relações profissionais? O que diferencia uma cortesia da fonte de um ato de corrupção? O que pode caracterizar uma investida, uma tentativa de compra da consciência do repórter?

As perguntas são muitas e as respostas estão longe de ser fáceis. Algumas empresas impõem regras de conduta aos seus funcionários, que vão da absoluta proibição de receber presentes a limitá-los a um valor baixo. Cem reais, por exemplo. O estabelecimento de normas para essas situações ajuda a orientar o comportamento, mas não impede que haja corrupção ou outros desvios de conduta. Geralmente, cabe ao profissional analisar a oferta e decidir os rumos que dará ao diálogo. Se perceber que a aceitação não prejudica a sua postura profissional nem a relação com a fonte, pode assentir. Do contrário, se vir que se trata de uma armadilha, deve evitá-la a todo custo. Existem muitas formas de dizer não. A pessoa pode ser franca e direta e argumentar que está impedida profissionalmente de aceitar a oferta ou ainda fingir que não entendeu. Qualquer que tenha sido a sua escolha, precisa haver convicção. Ao hesitar, o jornalista se fragiliza diante da fonte e perde o controle da situação.

Caso consinta receber o presente, o repórter deve deixar claro à fonte que aquele aceite não implica nenhum favorecimento na matéria a ser feita. E mais: antes de aceitar o primeiro mimo, deve-se pensar em como frear uma possível sequência de outras ofertas em momentos posteriores.

Moralistas mais conservadores remetem a um velho ditado para sustentar a recusa: "À mulher de César não basta que seja honesta; tem que também parecer honesta". Quer dizer: não se deve aceitar qualquer proposta que, depois, seja trazida à tona para fortalecer uma suspeita de corrupção. Assim, para não ser cobrada mais tarde, a recém-formada do exemplo deveria chegar à redação apenas com a entrevista a ser redigida. Nada mais.

Os mais liberais não veriam mal na aceitação do celular, afinal, aquela oferta não "compra a alma" da repórter a ponto de impedi-la de escrever uma matéria mais crítica sobre a empresa de telecomunicações.

Qualquer que seja o caminho escolhido, é fundamental que não se esqueça que ele terá consequências. Esses efeitos podem marcar profundamente uma carreira ou apenas se tornarem episódios na memória profissional. Ninguém permanece o mesmo após um momento de tomada de decisão moral. É assim que a ética profissional se constrói: nas bifurcações do caminho.

O dilema ético, situação que coloca duas alternativas igualmente legítimas e defensáveis, não só reforça valores como também reaviva a reflexão sobre a conduta humana. O jornalismo econômico também apresenta ocasiões de alto questionamento interno. Veja um exemplo dessa complexidade: o preocupado diretor de um banco confidencia ao jornalista que os negócios vão muito mal. O banco está prestes a quebrar. O setorista de economia tem duas saídas: alertar os correntistas da falência iminente e, com isso, provocar uma correria às agências para saques desesperados; ou silenciar e contribuir para o prejuízo daqueles que têm contas no banco. Como sair dessa sinuca? Como operar com responsabilidade num terreno tão minado? A melhor saída, diriam alguns moralistas, é optar pela alternativa que gera menos prejuízos ao menor número de pessoas. O repórter deveria raciocinar e projetar consequências de seus atos, visando ao mal menor. A lógica seguida aqui é a do utilitarismo, um modo pragmático de ver a vida e o mundo.

Mas essa não é a única maneira de reagir ao dilema. O repórter pode ser guiado por um imperativo categórico que o leve a tornar pública a falência do banco, custe o que custar. Sob essa lógica, os valores são universais e só contam se puderem funcionar em todas as circunstâncias, como regras inquebráveis. Assim, jornalistas devem fazer seus relatos mesmo que estes causem danos ao público. As duas vias apresentam imperfeições. O utilitarismo depende de previsões de qual será o cenário menos pior e, mesmo assim, não impede danos colaterais ou erros de avaliação. O universalismo se mostra altamente inflexível e incapaz de deter prejuízos que poderiam até ser evitados. Difícil, não?

A CONDUTA NAS COBERTURAS DE VIOLÊNCIA, CULTURA E ESPORTES

Uma cobertura que vem se expandindo muito nos últimos anos é a que se ocupa da violência e da segurança pública. Esse crescimento pode ser observado tanto no destaque dado às notícias dessa editoria quanto ao aperfeiçoamento dos procedimentos adotados pelos profissionais nas coberturas. Hoje, mesmo distante dos níveis ideais, essa fatia do jornalismo oferece um noticiário mais profissionalizado que há três ou quatro décadas, por exemplo. Houve um tempo em que as redações recebiam relatos vindos diretamente das delegacias, cujos textos eram redigidos por policiais que se ofereciam àquela tarefa. O que saía nos jornais era a versão oficial, carimbada.

Outras práticas semelhantes eram comuns: policiais à paisana chegavam à cena do crime com seus carros particulares. Na lataria do automóvel, um adesivo avisava: "Imprensa". De folga de suas rondas e investigações, o policial anotava o que via, tirava fotos e deixava o material no jornal, pronto para ir à composição. O que ia a público era praticamente um serviço autorizado de informações policiais. Não é à toa que, por décadas, a cobertura dessa área foi chamada de "jornalismo policial", afinal os casos de segurança pública, violência e problemas urbanos sempre foram muito vinculados às ocorrências policiais.

Aliás, a proximidade e a delicada relação que se estabelece entre jornalistas e policiais é um aspecto que merece atenção quando se discute ética profissional. Afinal, polícia é fonte, não é colega de trabalho.

Investigadores, soldados e delegados realizam trabalhos importantes para a sociedade, na medida em que combatem o crime e tentam restabelecer a lei e a ordem. São profissionais treinados para atuar em situações de risco, com confronto direto e perigo constante. Policiais desempenham na sociedade um papel ambíguo: ao mesmo tempo em que se apresentam como autoridades (afinal, são os representantes do Estado para garantir a segurança geral), também são funcionários públicos (e, por isso, devem servir ao povo). Precisam, portanto, combinar disposição de enfrentamento, coragem e postura de autoridade com senso de justiça, equilíbrio e responsabilidade social.

E os jornalistas que cobrem violência e segurança, como devem ser e agir? Suas credenciais precisam ser semelhantes às dos demais jornalistas, reunindo competências e habilidades que vão da identificação do fato noticioso até a sua ampla difusão. O repórter escalado para acompanhar casos de violência tem de saber selecionar o essencial do fato, apurar informações, ouvir os lados da história, ordenar e estruturar os dados em forma de matéria, enfim, saber fazer jornalismo. Claro que existem algumas especificidades para um bom desempenho, mas elas ficam restritas a um mínimo conhecimento de leis e procedimentos jurídicos e a noções de criminologia e detalhes do *métier* policial. O repórter que cobre a área não é policial, nem precisa saber usar arma de fogo ou ter treinamento paramilitar. Ele é só um jornalista que acompanha o trabalho de policiais, que faz registros dele e que investe em uma ou outra história para uma reportagem de maior profundidade.

Pode parecer besteira fazer a distinção entre policiais e jornalistas, afinal todo mundo sabe que desempenham funções diferentes. Parece besteira, mas não é. A convivência diária desses personagens, muitas vezes, apaga as fronteiras entre eles. Dessa forma, é relativamente comum que jovens repórteres queiram fazer batidas e diligências com as viaturas, expondo-se a perigos aos quais não estão devidamente preparados para enfrentar. É comum também que haja uma predisposição desses jornalistas para ficar do lado da polícia em qualquer situação, bem como se permitir constranger e hostilizar criminosos em situação de prisão. Nesses casos, momentaneamente, o profissional da comunicação se esquece de sua função e incorpora preocupações e comportamentos alheios aos seus.

Os policiais, por sua vez, também agem diferentemente quando suas ações são acompanhadas e mostradas de perto por câmeras, microfones ou caderninhos de notas. Soldados e oficiais mais graduados enchem os peitos, chutam as portas dos barracos e fazem movimentos cinematográficos. Suas declarações são recheadas de coragem, e os flagrantes têm sempre uma moldura artificial: quando a luz da câmera invade o ambiente escuro, o policial se vira para a lente, mostra o material ilegal apreendido e explica didaticamente o que encontrou, como se prestasse contas.

Em situações como essa, os policiais não apenas agem, mas se exibem. É a capacidade da mídia de amplificar o fato que fascina, que faz girar as cabeças. Comparado ao que acontece ao jornalismo, a postura artificial do policial é menos comprometedora. Afinal, ele não deixa de fazer o seu trabalho, apenas o executa midiaticamente. A concessão é também uma ostentiva demonstração de que o Estado está cumprindo suas funções.

As concessões feitas pelos repórteres na aproximação demasiada com as fontes ferem mais a ética jornalística. É compreensível pensar que a mídia deva ficar do lado da polícia, afinal ela combate o crime. Entretanto, vamos repetir: não se pode esquecer que polícia é fonte de informação e, como qualquer fonte, precisa ter suas versões checadas, avaliadas e equilibradas. No embate entre criminosos e sociedade, é evidente que a polícia ocupa uma posição de defesa dos interesses da sociedade: preservar a vida, manter a ordem social e defender patrimônios e propriedades privadas. Mas, apesar disso, jornalistas precisam manter distância de suas fontes, mesmo que elas lhe pareçam as mais bem-intencionadas do mundo. É a constante dúvida, desconfiança eterna, que irá funcionar como um mecanismo de controle de qualidade para o jornalista. Como a voz da consciência que lhe murmura no ouvido, como o alerta ético.

As corporações policiais podem fazer um bom trabalho e estar bem orientadas para servir a população, mas seus homens e mulheres também podem errar, cometer abusos e manipular dados para beneficiar o Estado ou suas políticas de segurança pública. Não é porque o delegado anuncia que fulano é o suspeito de um crime que a mídia deve estampar seu nome ou foto na condição de criminoso. O indivíduo está sendo acusado, mas ainda não foi sentenciado pela Justiça. Enquanto isso não acontecer, mesmo que se reúnam indícios que sujem sua ficha, o cidadão em questão é apenas alguém que pode responder pelo crime. As etapas de um processo judicial são diversas, e o jornalista deve conhecê-las, acompanhá-las e explicar ao público o que cada estágio significa concretamente naquela história.

Indício de crime é uma coisa, prova é outra. Mesmo que haja provas contra alguém, se não houve julgamento, não há sentença nem condenação ou absolvição. Esse é um princípio do Direito: a presunção de inocência. Quer dizer: todas as pessoas são consideradas inocentes até que se prove o contrário.

Na mídia e na sociedade, é relativamente comum assistir a casos de prejulgamento: condena-se antes da Justiça. Aí, jornais e revistas estampam os rostos de suspeitos como se exibissem à sociedade seus inimigos; a televisão e o rádio espalham a suspeita e inflacionam um processo de corrosão da reputação dos envolvidos; em paralelo, sites – sempre apressados – reforçam o alerta e a acusação, e blogs – nem sempre com finalidades jornalísticas – disseminam boatos e informações deliberadamente falsas (sob a forma de humor ou difamação mesmo). Resultado: publicamente, acontece um linchamento social dos suspeitos. Mas e se eles não forem responsáveis pelo crime de que são acusados? Quem deve arcar com os prejuízos à reputação dos inocentes? Como restaurar prestígio e honra, após um processo de demolição como esse?

O prejulgamento é um dos principais crimes que o jornalismo comete. É também uma constante preocupação ética entre os profissionais. Por isso, jornalistas devem seguir o Direito, absorver a presunção de inocência, ouvir proporcionalmente todos os lados da história e evitar a exploração exagerada de fatos que possam provocar comoção ou alarme social. Se jornalistas não são policiais, tampouco são juízes.

Mas o leitor mais atento pode notar alguma contradição entre as orientações a serem seguidas pelos jornalistas. Afinal, eles devem manter a desconfiança do que informam as fontes e ainda presumir a inocência de suspeitos de crimes. Parece contraditório, mas não é. Um conselho não anula o outro. Desconfiar é uma coisa, condenar, outra. Duvidar de uma versão leva o jornalista a apurá-la melhor. Acreditar na inocência de alguém evita que o jornalista deixe de ouvir sua parte da história. Daí a necessidade de combinar as atitudes no jornalismo.

O prejulgamento acontece com mais facilidade quando não há separação nítida entre jornalismo e polícia, ou se a distância entre eles é muito curta. Uma prática ainda vigente em pequenas cidades ou meios de comunicação menores é a aceitação cega dos relatos que constam nos boletins de ocorrência (os populares B.O.).

Diariamente, o repórter passa pelas delegacias e copia os registros desses documentos, como se assim desse conta da tarefa na área. Na redação, o repórter "dá um molho no texto" e oferece o material ao leitor. Sem nenhuma checagem ou visão crítica. Sem cogitar que possa ter havido erros de interpretação (seus ou dos escrivões de plantão) ou outros problemas relacionados à linguagem. Hoje, essa prática fica até mais fácil, pois as delegacias podem mandar por e-mail as ocorrências, e os repórteres nem sequer se dão ao trabalho de deixar suas mesas. Não frequentam mais os ambientes onde estão as notícias nem entrevistam mais os delegados, os advogados de porta de cadeia, os acusados, as testemunhas ou as vítimas. Que jornalismo é esse?

O vício da cópia cega dos B.O. gera ao menos quatro grandes problemas éticos para jornalistas que cobrem violência e segurança pública:

- Repórteres e editores acomodam-se com as condições de distribuição das informações e passam a não apurar com mais rigor os dados repassados;
- Setoristas passam a considerar delegados e comandantes do policiamento como as fontes donas da verdade, acima de qualquer suspeita;
- Redatores e repórteres adotam não só a linguagem dos registros policiais (inadequada para o jornalismo), como também sua lógica de faroeste: forma reducionista que divide o mundo em bandidos e mocinhos;
- Com isso, uma quarta consequência surge: os meios de comunicação atuam não apenas para informar, mas também para disseminar sentimentos como o ódio, a sensação de impunidade ou de punição insuficiente. Daí a incitar a fazer justiça com as próprias mãos é um passo.

O erro mais conhecido no jornalismo brasileiro – o caso da Escola Base – ilustra especialmente esses vícios. Em março de 1994, duas mães foram à polícia com uma denúncia explosiva: seus filhos de 4 anos teriam sofrido abusos na Escola de Educação Infantil Base, em São Paulo. Um dia depois, cercado de holofotes, o delegado Edélcio Lemos dizia ter provas para indiciar os proprietários da escola e outros três envolvidos.

Na mesma data, o *Jornal Nacional* iniciaria uma cobertura que se espalharia por quase toda a mídia, causando revolta na população, tentativa de linchamento e depredação na escola. Para "garantir sua segurança", dois dos acusados foram presos, e os demais tiveram suas prisões preventivas decretadas. Menos de duas semanas depois, por falta de provas, foram libertados os detidos e revogadas as ordens de captura dos demais. O pesadelo parecia terminado. Que nada! O sofrimento ia permanecer.

A Escola Base nunca mais voltou a funcionar, e seus proprietários não puderam retomar suas carreiras. As dívidas se acumularam e vieram os danos físicos: um dos implicados sofreu três enfartes, sua esposa passou por tratamento psiquiátrico e nenhum deles escapou dos estigmas, as cicatrizes sociais. As vítimas entraram na Justiça contra o Estado e alguns veículos de comunicação. Tiveram ganhos de causa em instâncias inferiores, mas os muitos recursos empurram a possibilidade de uma indenização para um futuro cada vez mais distante.

Em termos práticos, os seis envolvidos no caso da Escola Base morreram socialmente. Foram acusados injustamente, tiveram suas reputações arrasadas e sofreram danos morais e materiais. A natureza e o alcance da denúncia foram tão marcantes que funcionam como um exílio imposto aos acusados: não poderão mais atuar na área da educação, afinal quem matricularia o filho na escola deles?

Jornalistas e meios de comunicação erraram em diversos momentos dessa história: aceitaram a versão policial como definitiva, mesmo frente à insistente negação dos acusados; apresentaram um noticiário desequilibrado, atribuindo mais peso à acusação; abusaram da exploração do grotesco, de forma apelativa, e agiram num autêntico espírito de manada, correndo como baratas tontas atrás de quaisquer indícios e não se permitindo pensar diferente; enfim, desprezaram regras básicas da profissão.

A imprudência e a imperícia não são apenas falhas de ordem técnica. Elas também provocam consequências no terreno da ética. No caso da Escola Base, não ter feito um bom jornalismo causou prejuízos irreparáveis a algumas pessoas, desinformou a população de maneira geral e expôs feridas abertas da mídia.

Foto na capa do jornal

Com ironia, o compositor Chico Buarque conta na voz da mãe a trajetória de um anônimo rapaz em "O meu guri".

> *Chega estampado*
> *Manchete, retrato*
> *Com a venda nos olhos*
> *Legenda e as iniciais...*
> *Eu não entendo essa gente*
> *Seu moço*
> *Fazendo alvoroço*
> *Demais...*

Na letra da canção, a mãe pensa que o filho sai cedo para trabalhar e acaba lhe trazendo uma série de mimos. E se orgulha de o guri sair na capa do jornal. Entretanto, as condições dessa exposição não só revelam a ingenuidade da mulher e a ocupação do rapaz, mas também a forma de visibilidade que a mídia encontrou para exibir os inimigos da sociedade.

O jornalismo mantém práticas que desafiam o tempo e a lógica. Estampar fotos de acusados de crimes nas primeiras páginas é uma dessas práticas. Achincalhar suspeitos algemados diante das câmeras é outra. Exibir cadáveres e corpos mutilados abaixo das manchetes, logo no horário do café da manhã, também. Essas três ocorrências têm em comum o fato de que, na maioria das vezes, ferem os direitos de imagens das pessoas expostas e desrespeitam valores éticos contemporâneos. Isto é, os meios de comunicação transgridem a lei e a ética. Mas, como diz o esquartejador da piada, vamos por partes.

Já foi pior. Mas alguns jornais ainda se apoiam no recurso de exibir fotos de acusados de crime em suas primeiras páginas. Na grande maioria das vezes, os mostrados são assassinos, estupradores, gente que atentou contra a vida de alguém. Nas capas, não são vistos o vereador que desviou milhões da merenda escolar, a empresária que não fez o repasse de recursos à previdência social e prejudicou os velhinhos aposentados, ou o banqueiro que sonegou impostos. Eles não frequentam as primeiras páginas da imprensa nessas condições. Pode-se até ver notícias sobre isso, mas elas são tímidas e discretas. Os critérios de noticiabilidade evaporaram nas mesas dos editores ou nas recomendações dos departamentos jurídicos. Este tratamento desigual, que é complacente com os mais endinheirados, já colide com um valor jornalístico, o da equidade, mas não fica só aqui.

Nos programas que exploram as notícias policiais, repórteres valentões berram com bandidos pés-rapados, como se dirigissem as sessões de inquérito: "Olha pra câmera, sem-vergonha! Tá com vergonha, vagabundo? Na hora de roubar, não estava, né?". O repórter chega a levantar o queixo do indivíduo de modo a facilitar o enquadramento da câmera. Curioso é perceber que os mesmos jornalistas e apresentadores não mostram essa disposição toda quando abordam os chamados peixes graúdos. Nessas ocasiões, outros pronomes de tratamento escapam: doutor, senhor etc.

É evidente que não se espera que o jornalista dê tratamento VIP para criminosos, réus confessos ou indiciados. Não se trata de bons modos, de etiqueta. O que se espera é que o jornalismo dê a mesma importância e respeito às mais variadas fontes de informação, às diferentes pessoas que circulam pela sociedade. Isso não é etiqueta; estamos no terreno da ética, seguindo o vetor de um valor ético, o que deriva um comportamento jornalístico de tratamento igualitário.

Nos exemplos citados, há flagrantes desrespeitos aos direitos de imagem dos personagens. Diz a lei que toda pessoa tem direito e poder sobre sua própria imagem, e qualquer violação pode resultar em processos judiciais e pedidos de indenização. A própria Constituição Federal garante esse direito, e ninguém pode abrir mão dele.

Em termos práticos, a equipe de reportagem deveria pedir autorização para a veiculação das imagens dos acusados. No dia a dia, isso é jogado para baixo do tapete, já que repórteres, cinegrafistas e fotógrafos se aproveitam da fragilidade do sujeito na delegacia, de sua condição de acusado e da ignorância de seus direitos. Se seus advogados estiverem por perto, a conversa será outra certamente...

Muito rapidamente, a coisa funciona assim: a Justiça entende que existem dois tipos de imagem: a imagem-retrato e a imagem-atributo. A primeira se refere à identidade física da pessoa, de sua aparência, fisionomia e características. A imagem-atributo é como um retrato moral do indivíduo. Essa separação jurídica auxilia a identificar quando houve dano à reputação de alguém com a veiculação de uma imagem sem autorização.

Nem sempre a violação ao direito de imagem implica dano moral e, por consequência, pode gerar pedido de reparação, de indenização. Vamos a um exemplo. Campeonato Brasileiro de Futebol, estádio do Maracanã. Diversas emissoras de televisão transmitem ao vivo a partida entre Flamengo e São Paulo. Na hora do intervalo, uma das câmeras mostra um casal de torcedores se beijando, em cenas de afeto explícito. As imagens são mostradas para todo o país. Pergunta: no dia seguinte, eles podem se queixar da veiculação das imagens? Sim, podem. Não lhes foi pedida nenhuma autorização de uso e exploração das imagens.

O casal pode processar a emissora argumentando ter sofrido danos pela exibição do beijo? Poder, pode, mas a sustentação da ação é frágil, já que trocar beijos não é uma ação que desabona ninguém, que fere a honra ou reputação. Além do que, pode-se contra-argumentar que a cena se deu num local público, onde não se caracterizaria nenhuma invasão de privacidade. Com isso, quem deveria zelar pela própria imagem em locais públicos são os próprios detentores dos direitos. Trocando em miúdos: no caso do beijo mostrado via satélite, houve violação do direito de imagem dos namorados, mas afetou apenas a imagem-retrato, e não a imagem-atributo.

Outro exemplo, no mesmo cenário, ainda no intervalo de jogo. Outra câmera flagra dois jogadores conversando animadamente na boca do vestiário. As imagens mostram mais que um diálogo, há uma brincadeira íntima entre eles. E um dos jogadores apalpa as nádegas do outro. As cenas são igualmente mostradas para todo o Brasil. No dia seguinte, os atletas movem ação contra a emissora de TV, acusando-a de violação do direito de imagem e invasão de privacidade. O caso é diferente, e o entendimento da Justiça pode ser o de que houve violação de direito e dano moral dos jogadores que foram "ridicularizados" publicamente por causa de cenas mostradas sem o seu devido contexto. A emissora pode pagar o preço da exploração das imagens.

Mas o leitor pode se perguntar: por que essa explicação tão longa sobre direito de imagem se estamos tratando de ética no jornalismo? Por uma razão bem simples. Passar por cima de um direito pode se constituir um atentado à ética profissional se os danos provocados corromperem a informação, desviarem o jornalista de sua função ou atropelarem o interesse público.

É verdade que moralidade e legalidade são coisas distintas. Existem atos legais que são imorais, por exemplo. Parlamentares podem reajustar seus salários no período e nos patamares que a lei permite, mas esse aumento pode ser considerado uma imoralidade diante da situação financeira da maioria da população. Por outro lado, há atos ilegais que também colidem com valores éticos. Matar, por exemplo, configura homicídio – crime previsto em lei – e constitui um atentado a um valor universal: a vida. Conhecer seus limites legais e éticos é fundamental para os jornalistas, ainda mais para os que cobrem delitos, crimes e ocorrências policiais.

Profissão: perigo

Não custa nada repetir: jornalista não é policial. Isto é, sua investigação é diferente da realizada por policiais civis ou detetives. Seja pelos métodos usados, seja pelas motivações.

A formação policial prevê cursos preparatórios para colher vestígios na cena do crime, extrair informações, pesquisar e obter dados de documentos e outros materiais. Esse treinamento deve capacitar os profissionais a pinçarem elementos relevantes para a composição de um quadro maior, mais revelador. A explicação de um enigma, ou a solução de uma circunstância delituosa, impulsiona os investigadores a desvendar um crime. No Brasil, existem diversas forças policiais, mas apenas aos policiais civis e federais cabe investigar. Aos militares, florestais e rodoviários, restam os serviços de patrulhamento, segurança e atendimento da população.

Jornalistas também investigam, mas numa outra perspectiva, a do esclarecimento de circunstâncias obscuras. Embora haja técnicas e métodos variados, não se pode dizer que a formação jornalística contenha em si uma preparação específica para investigar. (A própria definição de jornalismo investigativo não é consensual na categoria, pois há quem corte a conversa no início: "Todo jornalismo deve ser investigativo!")

Nos últimos anos, pesquisadores da área e profissionais vêm reunindo dicas, relatos de experiências e indicações de procedimentos para sistematizar o que se poderia chamar de uma metodologia de investigação para o jornalismo. Enquanto isso não acontece, investigar – ao menos no sentido ordinário da profissão – é apurar com um pouco mais de profundidade, levantar informações no sentido de revelar o que está oculto, sempre tendo como orientação a satisfação do interesse público, o atendimento a um direito básico, o de ser informado.

Assim, o jornalista investigativo persegue as histórias que muitos querem esconder, os personagens mais incógnitos, as situações mais obscuras. Esses esforços são caros porque custa tempo, dinheiro e disposição. Não é fácil abrir mão de alguns profissionais que atuam na cobertura diária para que se dediquem a uma investigação por semanas ou meses. Geralmente, esses jornalistas precisam viajar para correr atrás de dados em arquivos ou mesmo para entrevistar fontes importantes. Paciência e alguma dose de sorte também são desejáveis nesse tipo de tarefa. Não bastasse isso, há os perigos próprios da profissão e os riscos de estar mexendo em assuntos que muitos gostariam que estivessem sepultados.

Frequentemente, o jornalismo investigativo se dedica a episódios políticos e econômicos, como a revelação de esquemas de corrupção, fraudes e desvios de recursos públicos, mas há histórias em todas as editorias que poderiam ser investigadas. Essas investidas dependem da disposição dos profissionais e do apoio estrutural que as empresas jornalísticas podem oferecer a eles, como recursos financeiros, operacionais e amparo jurídico durante a realização e após a sua veiculação.

Reportagens investigativas têm permitido a publicização de dados da realidade que a grande maioria da sociedade ignorava até então. Graças ao trabalho de repórteres e editores ousados, a população acaba sabendo como vereadores gastam indevidamente verbas públicas, como o narcotráfico se infiltra nas comunidades mais pobres, como certas empreiteiras sempre vencem licitações numa gestão governamental etc.

A gana de chegar ao fato, descobrir os detalhes e obter a declaração incriminatória faz com que o jornalista arrisque-se, abandonando por completo um círculo de proteção inerente à profissão. Não estamos dizendo que jornalistas sejam intocáveis, mas atacar esses profissionais, persegui-los ou mesmo acabar com eles dá trabalho e repercussão altamente negativa. Os transtornos consequentes dessas ações poderiam fazer com que os algozes desistissem de enfrentamentos diretos ou violentos. Apesar disso, o jornalismo é uma das profissões mais perigosas do mundo.

As estatísticas dos Repórteres Sem Fronteiras mostram isso:

Ano	Mortos
2002	26
2003	40
2004	53
2005	64
2006	83
2007	84

Fonte: Informes anuais. Disponíveis em http://www.rsf.fr.

Números do Comitê para Proteger Jornalistas são distintos da ONG francesa, mas também evidenciam a intensificação das perseguições e mortes entre os jornalistas no mundo todo. Para o comitê, 2007 foi o ano mais mortífero desde 1997, quando foram abatidos 26 profissionais no exercício de suas funções.

Ano	Mortos
2002	21
2003	41
2004	59
2005	48
2006	56
2007	64

Fonte: Committee for Protect Journalists. Disponível em http://www.cpj.org.

No Brasil, o episódio recente mais ruidoso é o que envolveu o produtor da Rede Globo, Tim Lopes, brutalmente assassinado em 2002, durante uma reportagem investigativa numa favela do Complexo do Alemão, no Rio de

Janeiro. Tim subiu o morro vestido como um cidadão comum – bermuda, camiseta e chinelos –, mas com um acessório que depois lhe foi fatal: uma microcâmera escondida na pochete presa à cintura. O jornalista seguia informações dos moradores locais: nos bailes funk, patrocinados por traficantes, aconteciam a exploração sexual de menores e o consumo desenfreado de drogas. Tim queria flagrar cenas que comprovassem a denúncia.

Antes daquela noite de junho de 2002, o produtor já tinha ido outras três vezes ao local. Nas duas primeiras, fez o reconhecimento da área, na terceira, chegou a captar imagens, mas não do baile propriamente dito. Era necessário subir o morro mais uma vez. Tim Lopes foi e não voltou. As circunstâncias de como foi identificado por traficantes e as horas seguintes à sua morte ainda não foram suficientemente esclarecidas. Sabe-se que o jornalista foi espancado, recebeu um tiro na perna e foi torturado até a morte. Depois, seu corpo foi esquartejado e os restos foram queimados junto a pneus numa gruta, método usado para eliminação de vestígios.

A morte de Tim Lopes provocou uma intensa discussão sobre as condições de segurança para o trabalho de jornalistas em situações de risco, bem como um debate sobre os métodos usados (como câmeras ocultas) e a ética envolvida em reportagens investigativas. A partir desse assassinato, equipes de reportagem que cobrem os morros cariocas passaram a usar coletes à prova de balas, mas essa medida não impediu, por exemplo, que a repórter Nadja Haddad, da TV Band, fosse alvejada numa via de acesso ao Morro Dona Marta, em 2005. Ela se preparava para colocar o colete quando um tiro atingiu seu pulmão. "Nem era uma zona de risco. Havia crianças por ali", contou a repórter após sair do hospital.

Como a violência não tem latitude para ocorrer, outros dois casos evidenciam a audácia das perseguições a jornalistas. Em 2002, o repórter do *The Wall Street Journal* Daniel Pearl foi raptado por um grupo armado quando fazia uma reportagem sobre a militância islâmica no Paquistão. Cinco semanas depois, sua decapitação foi filmada, e o vídeo do assassinato foi veiculado na internet.

Em 2006, o repórter da TV Globo Guilherme Portanova também foi sequestrado por criminosos na zona sul de São Paulo. Os raptores chantagearam a emissora a exibir o manifesto de um homem encapuzado mostrando armas e cobrando melhorias no sistema carcerário brasileiro. A Rede Globo cedeu à pressão e, em seguida, o repórter foi libertado.

Em todos os casos citados, os jornalistas aproximaram-se perigosamente de fontes e fatos, talvez até subestimando os riscos que corriam. O jornalismo é também uma atividade que depende de planejamento e organização. Planejar é projetar, prever adversidades e resposta a esses obstáculos. No caso de reportagens que exigem mais apuração e exposição dos repórteres ao perigo, o planejamento é fator determinante da boa e segura execução. Jornalistas devem calcular os riscos, mas, além disso não ser fácil, a precisão dessas projeções nunca é milimétrica. Afinal, como controlar o acaso?

Algumas pessoas mais próximas a Tim Lopes disseram que o jornalista não costumava correr riscos. A descoberta da sua presença no morro pelos traficantes poderia ter sido fruto do azar. Mas se Tim não tivesse levado a microcâmera consigo, muito possivelmente, a reação dos criminosos seria outra, talvez menos violenta.

Vamos lembrar que, em 2001, o *Jornal Nacional* veiculara uma série de reportagens produzidas pelo jornalista em que denunciava a venda aberta de drogas numa favela. Denominada "Feira de drogas" e realizada com o auxílio de câmeras escondidas, a série ganhou o Prêmio Esso de Telejornalismo daquele ano. Tim Lopes foi longe demais para fazer uma matéria? A emissora falhou ao permitir que o produtor fosse sozinho ao baile funk no Complexo do Alemão? Que condições podem garantir a segurança de um repórter com propósito investigativo num ambiente hostil? Que reportagem merece tanta exposição ao perigo? Quem determina os limites de um jornalista? O termo "limites" é o mais significativo e o mais fugidio no debate sobre a ética.

Refletir sobre a conduta humana é avaliar limites de ação. Quando se julga um ato, mais parece que estamos pesando a atitude das pessoas na balança dos valores morais. O que determinou que alguém agisse daquela forma? Foi a melhor maneira de atuar naquele contexto? Foi certo fazer aquilo?

Não escapamos desses questionamentos, pois os fazemos internamente, no raciocínio das causas e consequências dos atos. Mas o julgamento moral também funciona como a avaliação do terreno que nos cerca e que determina nosso raio de ação. Como se desenhássemos um círculo moral em torno do sujeito julgado. Será que ele transgrediu seus limites, agindo daquela forma? Ou as circunstâncias do ocorrido tornaram mais flexíveis as fronteiras que o cercam?

Esses círculos imaginários de giz são determinados pelos valores sociais, pelas convicções pessoais e pelo contexto das ações. Assim, os próprios agentes também definem até onde acham ser capazes de ir. Os desenhos de duas pessoas nunca são iguais, pois cada sujeito é único, embora haja semelhanças aqui e ali. De qualquer forma, o jornalista – o médico ou o piloto de fórmula 1 – calcula seus riscos, mede os passos que pode dar. Pode errar e, se for assim, vai responder pelos resultados de suas escolhas. Terá que agir por reflexão, e não por reflexo, como já escreveu Clifford Christians sobre as razões morais do jornalismo.

Sim, a coragem é um atributo exigido nas redações, mas o medo pode ser uma medida importante para a própria preservação, um eficiente mecanismo de controle pessoal. Trocando em miúdos: não se defende a covardia, mas deixar de fazer uma reportagem perigosa para zelar pela própria vida não é contra a ética jornalística. Quem determina esses limites é o profissional. Pode haver ordens da empresa ou até pressão dos colegas, mas o jornalista pode se negar a executar uma tarefa que coloque sua vida ou integridade em risco.

Aplausos para quem mesmo?

Nem só de perigo vive o jornalismo. No noticiário, não se consomem apenas denúncias e investigações de fôlego. O público também aprecia informações que abasteçam seu imaginário, elevem o espírito e sirvam como distração e abstração da realidade. Por conta da disseminação das culturas de massa e do desenvolvimento da indústria de bens culturais, a cobertura jornalística voltada às artes, ao espetáculo e ao entretenimento ampliou seu poder e influência no circo da mídia. Não tanto pela elevação dos padrões de educação ou pela escolha da cultura como gênero de primeira necessidade, mas mais pelo que esse jornalismo gera nas massas consumidoras. Como não poderia deixar de ser, o chamado jornalismo de cultura ou de variedades também apresenta diversas contribuições para a reflexão da ética profissional na área.

O mercado de bens culturais é uma arena onde pesos-pesados disputam a atenção e os bolsos de bilhões de pessoas no mundo. Os números impressionam: por ano, são lançados 66 milhões de títulos pelas editoras; a indústria de *videogames* faturou US$ 32 bilhões em 2006 e deve chegar a US$ 49 bilhões em 2009; embora em crise, as gravadoras ainda abocanham quantias maiores que PIBs de países inteiros; todas as semanas, entram em cartaz filmes que são verdadeiros "arrasa-quarteirões", programados para enriquecer seus produtores... Perceba o leitor que nem estamos dimensionando aqui as riquezas geradas e movimentadas pelos mercados de artes plásticas, teatro, eventos, arquitetura, fotografia e televisão, mas mesmo assim se percebe o tamanho e a abrangência do ecossistema a que têm acesso os jornalistas que cobrem cultura.

Como seus colegas da editoria de economia, repórteres e editores maravilham-se diante do poder de conglomerados de mídia, que não só produzem conteúdos de diversão e entretenimento como os distribuem e, em algumas situações, até mesmo fabricam os aparelhos eletrônicos que possibilitam seu consumo. É o caso da Sony, por exemplo. Empresas estatais também têm sua fatia de influência nesse *métier*, já que investem altas verbas em atividades culturais na modalidade de patrocínio ou mecenato. Aliás, no mercado cultural, quase não se faz mais nada sem que no orçamento conste o chamado "plano de mídia".

Essas verbas não se destinam apenas para comprar espaços publicitários, mas também para despejar sobre as redações, na forma de brindes, promoções e outras formas de convencimento da qualidade do produto. Quanto mais recursos estiverem reservados ao plano de mídia, maiores as chances do lançamento ter visibilidade nos meios de comunicação, portanto, é inevitável seu sucesso junto ao público. Dinheiro chama dinheiro. Um exemplo mostra a distância entre as estratégias de um filme mundial e um longa-metragem de uma produtora independente. Em 2002, enquanto o brasileiro *Lavoura arcaica* contava com apenas duas cópias distribuídas para todo o país, o *Homem-Aranha* chegava a mais de quatrocentas salas de exibição. Adivinhe quem arrecadou mais naquele final de semana?

O mesmo acontece com *best-sellers* internacionais, com o novo CD da banda pop, com a turnê da cantora repleta de curvas...

E o jornalismo? Bem, ele pode se perder nessa avalanche de dinheiro, de materiais de imprensa bem organizados, de entrevistas coletivas disputadas, de brindes e brinquedinhos divertidos.

O distanciamento crítico que os jornalistas devem manter pode ir para o "espaço"; o discernimento do que é realmente importante e merece ser notícia pode se diluir na grande quantidade de produtos que desembarcam nas redações diariamente; a função e o trabalho da crítica cultural podem ser desacreditados, bem como os conceitos de "vanguarda", "erudição", "originalidade", entre outros, derretidos no mar de adjetivos fáceis. Essas consequências todas são desastrosas para o jornalismo cultural e não indicam apenas uma crise de qualidade, mas também um esgarçamento ético que transforma repórteres e editores em promotores de produtos.

Não é possível negar hoje que grandes estúdios, poderosas gravadoras e influentes editoras detenham a pauta da mídia especializada, direcionando seus movimentos conforme seus planos de marketing. Basta comparar dois ou três jornais diferentes numa sexta-feira qualquer, quando entram em cartaz novos filmes nos cinemas. Nas seções de cultura, sem erro, o leitor vai se deparar com matérias sobre os lançamentos dos maiores estúdios para o final de semana que se avizinha. As matérias serão generosas em tamanho (grandes e com fotos coloridas, chamadas na primeira página etc.) e no tom (quase sempre comemorativo, gerando maior expectativa ainda). Alguém pode perguntar: por acaso, isso não é notícia? Sim, o lançamento do filme deve ser noticiado, mas não apenas ele. Existem outros fatos importantes acontecendo no mundo da cultura e que, por diversos critérios de noticiabilidade, mereceriam cobertura. Olhando para os dois ou três jornais do exemplo, se tiver alguma sorte, o leitor poderá encontrar alguma nota sobre o filme iraniano de baixo orçamento ou o festival de curtas independentes que acontece em algum país latino-americano.

A questão é que repórteres e editores deixaram de pautar seus meios, delegando essa tarefa aos departamentos de marketing dos produtores culturais. Suplementos literários, editorias de cultura e revistas especializadas acabaram se convertendo em extensões das assessorias de imprensa de artistas e empresas do meio. Os critérios jornalísticos nem sempre determinam o que sai no noticiário. Os superlativos brotam nos teclados das redações; as imagens que ilustram as matérias (fotos ou cenas) são sempre as de "divulgação", previamente autorizadas; nas entrevistas, assessores decidem quais perguntas seus clientes não responderão aos jornalistas; o noticiário da área menciona tudo (dinheiro investido no projeto, previsão de arrecadação, público-alvo...), menos uma coisa: arte!

Com um pouco mais de rigor, qualquer pessoa diante das notícias sobre artes e espetáculos se surpreenderia com o fato de que: a cada semana, sai um CD "que vai revolucionar a música", chega aos cinemas o "filme mais esperado de todos os tempos", as prateleiras das livrarias recebem a mais nova "obra-prima" do escritor fulano de tal.

Não bastasse o *show business* pautar os meios de comunicação, artistas e celebridades também impõem suas condições, suas exigências, como o hábito cada vez corriqueiro de avaliar a matéria antes de sua veiculação. Nesse particular, cede-se às ordens da fonte, o jornalista perde o controle sobre a integridade de sua obra e as rédeas do processo de produção da informação. Não é pouca coisa.

A hegemonia dos grandes conglomerados torna meios e profissionais reféns de um sistema perverso de administração de carreiras e produtos. Os produtores subsidiam a imprensa com informações altamente controladas, que ressaltam as qualidades positivas e afastam por completo algum olhar crítico. Textos de apresentação, fotos, videoclipes, enfim, todo o material que é repassado aos jornalistas segue uma padronização estilística que poderá ser percebida mais adiante, na chegada da informação ao público.

Como esses subsídios são muito bem preparados e o jornalista, muito bem tratado pelos assessores de imprensa, quase nada é alterado, e a notícia sai embalada conforme o cliente definiu desde o início da operação. Se algum meio foge à regra, os assessores se queixam da falta de cobertura e cobram explicações. Num segundo momento, principalmente se o veículo de comunicação ou o jornalista não são poderosos ou influentes, seus nomes são retirados da *mailling list* dos eleitos. Retaliação "pura".

O esquema é eficiente e cria nas redações de cultura uma espécie de dependência editorial das fontes. Essa fragilidade é fatal para o jornalismo crítico, ético e de qualidade. Feita mais essa concessão, estarão escancaradas as portas para a idiotização do noticiário (desvio que permite a ampla circulação de declarações irrelevantes ou sem sentido) e para a evasão de privacidade (que produz cenas ridículas na mídia, como a reportagem sobre a inauguração do banheiro de mármore de determinada apresentadora de TV).

A corrosão da ética nas seções de variedades da mídia impressa passa pela extinção de suplementos literários, pela transferência de páginas dos cadernos de cultura para os dominicais de TV e pelo abandono à míngua da figura do crítico, nos moldes em que essa figura se notabilizou décadas atrás. Cada vez mais, os críticos têm se aproximado dos jurados de programas de auditório, deixando a análise, o raciocínio e a sensibilidade nas gavetas da mesa.

Somado às fraturas éticas já mencionadas, o jornalismo cultural padece também das pequenas tentações e corrupções a que estão sujeitos repórteres e editores de outras seções, como se beneficiar da posição que ocupa para obter vantagens pessoais e aceitar presentes e mordomias que podem colocar seus trabalhos sob suspeita. Você não desconfiaria do crítico literário que apenas elogia os títulos de uma editora e, mesmo assim, lança seu próprio livro pela mesma casa? O jornalista que cobre artes cênicas pode entrar sem pagar em qualquer espetáculo, mesmo que não esteja de serviço?

Furos na marcação

No jornalismo de campos, pistas e quadras, a presença de empresas mundiais de materiais esportivos também inibe o trabalho de repórteres e editores. Mais uma vez, a injeção de dinheiro no circo da mídia deforma a relação entre fontes e jornalistas e corrompe o caráter da informação. As próprias confederações esportivas contribuem para um cenário de submissão da mídia aos interesses das corporações do setor. Veja uma medida desse esquema:

Para acompanhar os jogos de futebol, repórteres, cinegrafistas, fotógrafos, radialistas e técnicos de radiodifusão precisam se credenciar na associação dos cronistas esportivos. A organização, então, expede documento que identifica o profissional e o autoriza a ingressar nos locais das partidas. Evidentemente, os credenciados precisam se submeter às regras ditadas pela associação, entre elas, o uso de um colete que os identifique em campo. Funcionando como uma espécie de uniforme, sempre em tons berrantes, o colete é vestido sobre a roupa, mas o problema nem é esse.

O problema está no fato de que os coletes trazem as marcas de patrocinadores, geralmente empresas de materiais esportivos. Obrigado a usar o colete, o jornalista – que não deveria estar vinculado a nenhum dos competidores – acaba funcionando como um outdoor móvel de outras empresas. Será que esses mesmos profissionais terão distância e independência suficientes para fazer reportagens investigativas sobre as empresas patrocinadoras de seus coletes? Aliás, caso haja indícios para uma apuração, os credenciados conseguirão investigar a cúpula da associação dos cronistas esportivos?

O maior impasse ético no jornalismo esportivo parece ser mesmo a distância a ser estabelecida entre profissionais e fontes de informação. Primeiro por uma confusão criada e mantida na própria cabeça do jornalista. Consciente ou inconscientemente, ele se pergunta várias vezes ao dia: "Agora, eu sou jornalista ou torcedor?". Isso se dá quando vai acompanhar o treino dos atletas, quando conversa com membros da comissão técnica, quando convive mais proximamente com os esportistas. É comum perceber que o repórter – principalmente, o setorista, aquele que se especializa em cobrir uma determinada equipe ou modalidade – deixa escapar vestígios de um certo deslumbramento.

A convivência e o diálogo cotidianos iludem o profissional, fazendo com que ele pense estar entre amigos. Por isso, exibe alguma intimidade, uma proximidade artificial. Da intimidade à cumplicidade é um pulo, e aí, o jornalismo é quem perde. É claro que existem exceções e que repórteres, atletas e técnicos podem nutrir laços de amizade e afetividade, mas a frequência do jornalista naquele ambiente não tem esse propósito. O objetivo é outro: acompanhar de perto a evolução das equipes nas competições, obter alguma informação de bastidor importante para a compreensão daquela realidade, enfim, estar próximo do fato quando ele ocorrer. A simpatia, a cortesia e a amizade podem surgir, mas elas pouco combinam com o distanciamento crítico que o jornalismo profissional se autoimputa.

A confusão entre as *personas* do jornalista e do torcedor aparece com mais evidência ainda na TV ou no rádio, durante as transmissões de eventos esportivos. O narrador abandona momentaneamente a posição de quem conta a partida e se torna o animador de torcida, aquele que convoca as massas a vibrar, comemorar e incentivar sua equipe. Pior ainda quando o evento narrado tem num dos lados a seleção brasileira (de qualquer modalidade) ou atletas nacionais (disputando com estrangeiros). Aí, então, a esquizofrenia jornalista-torcedor se materializa na fala do narrador: "Ganhamos mais uma, Brasil!"; "Vamos aplaudir as nossas meninas de ouro do vôlei!"; "Eu sabia que não ia ser nada fácil para o nosso time...".

Para tentar equilibrar essa ambiguidade interna, muitos jornalistas fazem de tudo para esconder seus times do coração, suas preferências esportivas. A tática é simples: não dizer para não lembrar. Mas a técnica não está apenas a serviço de um controle interior. Ao não manifestar predileção por nenhuma equipe, o jornalista simula isenção e imparcialidade, condições que – em tese – o autorizariam a fazer julgamentos genéricos já que não haveria interesse direto nas análises. Quer dizer, ao silenciar, o jornalista infla a própria credibilidade. A mesma coisa se dá em outra editoria, a de política. A distinção é de que, na de esportes, a paixão fala mais alto. Até porque a competição, a disputa e a adrenalina causam outros estímulos.

Esconder o time do coração não garante que o jornalista seja mais equilibrado em sua análise ou que faça uma boa avaliação do contexto. A estratégia vale mais para o jornalista – quem a realiza – do que para o público – a quem ela deveria se destinar. Tanto é que existem casos notórios de comentaristas que fazem questão de deixar claras as cores pelas quais pulsa seu coração. Quase todo o mundo sabe que Juca Kfouri é corintiano, e essa preferência não o impede de ser crítico e duro com a equipe em suas colunas de jornal, no blog que assina ou nas mesas-redondas de que participa na TV. Outro que não esconde para quem torce é José Trajano, que dirige o ESPN Brasil, canal de esportes no sistema a cabo. Seu time é o América, do Rio de Janeiro, e essa confessada relação alimenta uma bem-humorada mitologia nos comentários de Trajano.

Para apimentar ainda mais a discussão sobre o tabu que impede jornalistas de confessarem seus times, o jornal *Lance* passou a nominar a preferência de seus colunistas, logo abaixo de suas assinaturas nos textos. Consta assim: Fulano de Tal, são-paulino; Sicrano, palmeirense.

A situação indica que mais importante que esconder o lado para o qual se pode pender é mostrá-lo com evidência. Como se fosse uma demonstração de transparência e respeito ao público. O ouvinte, leitor ou telespectador é que verifique se o jornalista manteve o equilíbrio ou se "puxou a sardinha para a sua brasa".

Jornalistas estão sempre cobrando transparência das autoridades políticas, das empresas e organizações, mas, na hora de fazerem a lição de casa, a conversa muda de rumo. Via de regra, há muito pouca transparência nos atos de repórteres, redatores e editores, assim como nitidez sobre o funcionamento da mídia de maneira geral. Deixar claro o time para o qual se torce é só a ponta do *iceberg*.

As empresas de comunicação deveriam dizer também a quem apoiam numa disputa eleitoral, ou se estão a favor ou contra o governo numa gestão. Poucas empresas brasileiras de mídia têm coragem de manifestar apoio a seus candidatos em época de eleições. A maioria delas oculta tais preferências, como se vestissem um verniz de pluralidade, isenção e equilíbrio. Melhor seria deixar tudo às claras. Assim, ao menos o público teria acesso às regras do jogo.

CÓDIGOS E REGRAS DO JOGO

Um animal social por excelência, o ser humano vive em grupos, mas esta convivência nem sempre é harmônica. Muito pelo contrário, os interesses são os mais heterogêneos e muitas vezes conflitantes. Para harmonizar as relações, é necessário criar regras que definam limites, direitos e obrigações para os membros do coletivo.

O aumento da complexidade das sociedades obrigou homens e mulheres a não apenas definir normas, mas também a constituir poderes e sistemas que regulem a vida no plural. Surgiram leis, foi criado o Estado e seus aparatos para fiscalizar o cumprimento das regras e, em casos de transgressão, aplicar punições. Mas a legislação não é a única forma de imposição de limites para as pessoas. Existem ainda as convenções sociais, os códigos de conduta, os valores e os princípios morais.

Em todos os casos, esses conjuntos de regras – escritos ou não – funcionam como balizas, sinalizadores de direção no meio do caminho. Alguns indicam que não se deve ir em frente, outros, que é necessário manter a marcha e não se desviar do traçado. Embora elas sejam formas de controlar o comportamento humano, de frear nossos ímpetos, o fato é que não é possível viver em sociedade sem regras. Elas impõem limites, mas também garantem direitos. Isto é, joga melhor quem conhece as regras.

Leis e recomendações morais são normas, mas pertencem a mundos diferentes. Elas até podem se cruzar, coincidindo em alguns pontos, mas ambas têm seus próprios funcionamentos. As leis são dispositivos de controle social com dois objetivos básicos: harmonizar relações e garantir direitos. As leis provêm de um poder central, aplicam-se a todos de uma comunidade e preveem punições aos que as desrespeitam. Por isso, para funcionar bem, o sistema da lei depende da eficiência dos órgãos de repressão aos transgressores e das instâncias de julgamento e aplicação das penalidades aos faltosos. As leis são implacáveis, as pessoas têm que segui-las, senão...

Com as recomendações morais, é ligeiramente diferente. Nem sempre essas regras estão escritas, documentadas. Muitas vezes, os costumes e a tradição oral levam essas orientações para frente, de geração em geração. Entretanto, há situações em que os valores morais e recomendações éticas são reunidos em códigos de conduta. Isso se dá, sobretudo, nos ambientes em que há relações de trabalho, o que converte esses documentos em códigos deontológicos, códigos de ética profissional.

Distintamente das leis, os códigos de ética são gerados na e pela comunidade a que se destina. Isto é, lideranças profissionais e representantes dos trabalhadores reúnem-se, discutem e redigem os documentos. Seus elementos são os valores que regem e dão fundamento às profissões. Por isso, os códigos trazem recomendações, indicações de conduta. Perceba bem, não são intimações ou obrigações, mas recomendações. Se as leis exercem um controle que se pretende total, os códigos dependem mais da convicção, da boa vontade, da consciência e da disposição das pessoas em segui-los. Como não têm o poder das leis e porque são resultados da autorregulação de um coletivo, os códigos só funcionam mesmo se os sujeitos cultivarem os valores ali expressos, concordarem e se engajarem numa proposta ética. Em resumo: quem manda é o livre arbítrio.

O que parece ser a maior fragilidade dos códigos frente ao poder das leis – confiar na liberdade de ação das pessoas – é, na verdade, seu grande trunfo. Se o sistema das leis é regulatório, cerceador e impositivo, o dos códigos deontológicos é uma experiência coletiva de maturidade. A comunidade precisa querer seguir as orientações ali indicadas, já que elas refletem os valores comuns aos membros. Os códigos também preveem reações aos transgressores. São as sanções, e elas têm diversos graus, dependendo da gravidade da falha ética. Quem julga os casos de suposto desvio são as comissões de ética, formadas sempre por representantes da categoria profissional com conduta ilibada, cidadãos que servem de referência moral a seus colegas. Em algumas situações, como a dos advogados, há tribunais de ética e disciplina que julgam processos contra profissionais do Direito que atentaram contra seu código deontológico. Se condenados, os indiciados podem, inclusive, perder seu registro de trabalho.

Engana-se quem pensa que os códigos de ética auxiliem apenas os profissionais sob seu alcance. O dispositivo é importante para toda a sociedade, pois sinaliza publicamente que aquele grupo social tem preocupações éticas, segue seus valores e possui maturidade suficiente para se pautar por um instrumento de autorregulação deontológica. Nem todas as ocupações contam com códigos semelhantes, mas algumas das carreiras mais influentes têm seus documentos: médicos, advogados, engenheiros, funcionários públicos, jornalistas...

Códigos deontológicos no jornalismo

Em todas as partes, há códigos deontológicos para jornalistas. Eles vêm de três procedências: entidades classistas – como sindicatos e federações –, associações de meios de comunicação ou empresas jornalísticas, que ditam suas próprias orientações de conduta profissional. Esses documentos têm diferentes formatos, indo de bem-intencionadas cartas de princípios a rígidas tábuas de mandamentos que chegam a enquadrar os profissionais em algumas circunstâncias.

Em âmbito internacional, alguns códigos são bastante influentes, seja porque vêm de signatários com grande credibilidade e poder, seja porque são documentos já tradicionalmente aceitos. Nesse sentido, destacam-se os códigos de ética da Federação Internacional dos Jornalistas (FIJ), da American Society of Newspaper Editors (ASNE), da Society of Professional Journalists (SPJ) e a Declaração de Chapultepec.

No Brasil, vários códigos deontológicos dividem espaço no mercado e nas redações, o que não impede que o jornalismo seja uma atividade marcada por desvios e falhas éticas. Os mais conhecidos desses documentos são:

- Código de Ética e Autorregulamentação da Associação Nacional de Jornais (ANJ), entidade que reúne as principais empresas do segmento impresso;
- Princípios Éticos da Associação Nacional dos Editores de Revistas (Aner), voltado ao mercado de publicações seriadas;
- Código de Ética da Radiodifusão Brasileira, da Associação de Emissoras de Rádio e Televisão (Abert);
- Código de Ética dos Jornalistas Brasileiros, assinado pela Federação Nacional dos Jornalistas (Fenaj), que abrange 31 sindicatos de trabalhadores no país.

Os dois primeiros códigos – além de se dirigirem para a atuação de empresas jornalísticas nos meios impressos – têm outras muitas semelhanças entre si, a começar pela síntese de seus princípios. Tanto o código da ANJ quanto o da Aner são bastante pontuais e enxutos: o primeiro tem dez itens, o segundo, oito. Quase todos os pontos são coincidentes e, em algumas situações, seguem a mesma sequência nos códigos.

De maneira geral, empresas que editam jornais e revistas e são associadas à ANJ e à Aner se comprometem a defender valores como liberdade de imprensa, democracia, independência editorial, direito à informação, à privacidade e à resposta, pluralidade, sigilo de fontes e distinção clara entre material informativo e publicitário. No código da ANJ, outros dois compromissos são expressos: publicação de fatos de interesse público e correção de erros de edições anteriores.

Por seus tons vagos e generalistas, os documentos da ANJ e Aner são mais cartas de princípios do que códigos deontológicos. Basta notar que os textos não trazem nem uma linha sequer sobre sanções às empresas que descumprirem seus termos. Veja a íntegra dos documentos:

Código de ética e autorregulamentação – ANJ

Os jornais afiliados à Associação Nacional de Jornais comprometem-se a cumprir os seguintes preceitos:

1. Manter sua independência.
2. Sustentar a liberdade de expressão, o funcionamento sem restrições da imprensa e o livre exercício da profissão.
3. Apurar e publicar a verdade dos fatos de interesse público, não admitindo que sobre eles prevaleçam quaisquer interesses.
4. Defender os direitos do ser humano, os valores da democracia representativa e a livre iniciativa.
5. Assegurar o acesso de seus leitores às diferentes versões dos fatos e às diversas tendências de opinião da sociedade.
6. Garantir a publicação de contestações objetivas das pessoas ou organizações acusadas, em suas páginas, de atos ilícitos ou comportamentos condenáveis.
7. Preservar o sigilo de suas fontes.
8. Respeitar o direito de cada indivíduo à sua privacidade, salvo quando esse direito constituir obstáculo à informação de interesse público.
9. Diferenciar, de forma identificável pelos leitores, material editorial e material publicitário.
10. Corrigir erros que tenham sido cometidos em suas edições.

> **Princípios éticos recomendados pela Aner às editoras associadas**
>
> 1. Manter a independência editorial, trabalhando exclusivamente para o leitor.
> 2. Garantir, efetivamente e sem subterfúgios, o direito de resposta aos que provarem que foram difamados, caluniados ou injustiçados.
> 3. Zelar pela liberdade de expressão e pelo livre exercício da profissão de jornalista.
> 4. Assegurar ao leitor as diferentes versões de um fato e as diversas tendências de opinião da sociedade sobre esse fato.
> 5. Preservar o sigilo de fontes.
> 6. Respeitar o direito do indivíduo à privacidade, salvo quando esse direito constituir obstáculo à informação de interesse público.
> 7. Diferenciar espaço editorial e espaço publicitário de maneira facilmente identificável pelo leitor.
> 8. Defender os direitos humanos, os valores da democracia representativa e a livre iniciativa.

Ao contrário dos anteriores, os códigos da Associação Brasileira de Empresas de Rádio e TV (Abert) e da Federação Nacional de Jornalistas (Fenaj) são documentos mais robustos, dispostos não apenas a manifestar a defesa de valores, mas também a normatizar a conduta dos que estão sob o seu raio de influência. Nos dois textos, constam os trâmites para apresentação de queixas, para o julgamento das possíveis transgressões e para a aplicação de sanções aos faltosos. Zelam pelo cumprimento de seus respectivos códigos as comissões de ética das entidades.

O Código de Ética da Radiodifusão Brasileira contém 34 artigos, divididos em seis capítulos, que vão dos princípios gerais ao relacionamento entre as empresas do setor, passando pela definição de aspectos na programação, na publicidade e nos noticiários. Aprovado em 1993, o documento tem, ao longo de todo o texto, um timbre bastante moralista, prescrevendo como devem ser os conteúdos veiculados pelas empresas de rádio e TV.

Na abertura do código, a Abert enfatiza que seus associados:

tudo farão para transmitir apenas o entretenimento sadio e as informações corretas, espelhando os valores espirituais e artísticos que contribuem para a formação da vida e do caráter do povo brasileiro, propondo-se sempre a trazer ao conhecimento do público os elementos positivos que possam contribuir para a melhoria das condições sociais.

Bastante edificante, mas a realidade dos meios eletrônicos brasileiros é bem distante das intenções apresentadas.

Misturando política e interesses comerciais com puritanismo e preocupação com conteúdos impróprios, as empresas de radiodifusão defendem em seu código a "unidade política do Brasil" e "a livre iniciativa e concorrência", condenando a "promiscuidade" e relações sexuais fora do "quadro da normalidade". De acordo com o documento, os programas não explorarão "o curandeirismo e o charlatanismo", terão cuidados extremos com a produção de atrações infantis e com a veiculação de cenas de uso de drogas, violência e crimes. O documento chega a especificar faixas de horário para a exibição desses conteúdos, um cuidado exagerado já que isso colide com uma obrigação do Estado. De acordo com a Constituição, a classificação indicativa não é competência das emissoras, mas de órgãos como o Ministério da Justiça.

Ainda em seu código, a Abert considera como práticas antiéticas o "aliciamento de artistas e pessoal contratado", "o aviltamento dos preços da publicidade" e o roubo de sinal de emissoras, entre outras ações. Se algum associado da entidade transgredir sistematicamente a regra, pode ser expulso dos quadros da Abert. A sanção parece não causar tanto temor. Descontentes com os rumos da radiodifusão nacional, algumas emissoras abandonaram a entidade para criar a Associação Brasileira de Radiodifusores (Abra). Seu surgimento dividiu o mercado ao meio...

A conduta normatizada dos jornalistas

Dos códigos de ética aqui destacados, apenas o da Federação Nacional dos Jornalistas (Fenaj) é voltado ao profissional propriamente dito. Os três documentos anteriores assinalam valores para o exercício jornalístico, mas não prescrevem atitudes ou comportamentos daqueles que executam as tarefas cotidianas da profissão. Se vistos por essa perspectiva, os códigos da ANJ, Aner e Abert são textos que compreendem o jornalismo sem os jornalistas.

Por outro lado, o código da Fenaj se concentra nos profissionais, mas suas cláusulas foram redigidas sem uma negociação formal com as empresas, condição que também deforma o processo: é o jornalismo que ignora (ou despreza) a influência das empresas nas práticas diárias.

Essa miopia, que contamina as entidades ligadas ao capital e ao trabalho, fragiliza os códigos deontológicos na medida em que os textos não têm concordância e aceitação das duas partes. No duelo entre patrões e empregados, os códigos também exercem uma função político-ideológica de distinção da identidade. Em termos práticos, mesmo recitando valores e princípios muito semelhantes, jornalistas e empresas do setor não atuam em conjunto.

O Código de Ética dos Jornalistas Brasileiros é composto de 19 artigos, divididos em cinco capítulos que vão do direito à informação até as relações profissionais, passando pela conduta e responsabilidade dos jornalistas. Os valores especificados não destoam muito dos já enunciados nos códigos das entidades empresariais: direito à informação, correção e precisão das informações, veracidade dos fatos, interesse público, liberdade de imprensa, pluralismo, clareza, sigilo da fonte, respeito à intimidade e à privacidade...

Entretanto, o texto deontológico dos profissionais é bastante nítido quanto aos conceitos fundamentais do jornalismo. Assim, o exercício da profissão é uma "atividade de natureza social", a opinião veiculada deve ser vivida com responsabilidade, e a presunção de inocência é um dos fundamentos do jornalismo.

O jornalista surge no documento como um profissional que responde pela informação que divulga (exceto se seu trabalho foi alterado por terceiros) e que combate a corrupção, os desmandos, a discriminação e as perseguições. É um profissional guiado pelo interesse público, de espírito democrático e avesso à censura ou a qualquer interrupção do fluxo informativo.

Entre as práticas mais condenadas pelo código de ética estão:

- impedimento da manifestação de opiniões divergentes;
- exposição de pessoas ameaçadas, exploradas ou sob risco de vida;
- uso do jornalismo para incitar a violência, a intolerância e o crime;

- cumplicidade com a censura ou omissão diante dela;
- divulgação de informações visando a interesses ou vantagens pessoais;
- publicação de informações mórbidas, sensacionalistas ou desumanas;

Reformado em agosto de 2007, o código está na sua quarta versão. O texto contempla as indicações históricas da deontologia jornalística no Brasil e adiciona ao menos duas importantes novidades: cláusula de consciência e preocupações mais nítidas com métodos heterodoxos de obtenção da informação.

A cláusula de consciência é um dispositivo que permite ao jornalista não violentar suas convicções em nome dos interesses da empresa para a qual trabalha. Ela é definida no código como um direito do profissional e faculta ao jornalista "se recusar a executar quaisquer tarefas em desacordo com os princípios deste Código de Ética ou que agridam as suas convicções". Em seguida, uma advertência: a cláusula de consciência não pode ser usada como justificativa "para que o jornalista deixe de ouvir pessoas com opiniões divergentes das suas". Maior avanço do novo código, essa cláusula é polêmica, embora já seja um direito conquistado em países da Europa, por exemplo.

No Brasil, ela surge na evolução dos debates sobre o assédio moral no mundo do trabalho. No jornalismo, é comum o repórter receber pautas que não só contrariam suas convicções como se distanciam completamente das funções da profissão. Sob os apelidos de "pauta 500" ou "pautas-jabás", essas matérias servem geralmente para adular anunciantes ou pessoas influentes pelas quais as empresas têm interesse.

As pautas "vêm de cima", são sugeridas por quem entende pouco (ou não quer entender nada) de jornalismo. A cúpula dirigente repassa as ordens aos editores, que distribuem as pautas aos repórteres, gerando uma cadeia de pressão interna, que se materializa na forma de assédio moral. Para combater os "jabás" e as pautas encomendadas, a cláusula de consciência vem como fator positivo. Entretanto, sabe-se que o mercado e o empresariado do setor são bastante resistentes a isso, fator que deve dificultar a implementação desse ponto do código.

Outro item que merece comentário é o que trata dos avanços metodológicos e tecnológicos no jornalismo. O código proíbe o jornalista de divulgar informações "obtidas de maneira inadequada, por exemplo, com o uso de identidades falsas, câmeras escondidas ou microfones ocultos, salvo em casos de incontestável interesse público e quando esgotadas todas as outras possibilidades de apuração". O texto deixa uma brecha para o uso dos recursos tecnológicos, mas não chega a caracterizar "interesse público", por exemplo. Essa definição fica a cargo dos profissionais ou de normativas internas das empresas?

Há um equívoco neste item também: o código coloca na mesma balança o uso de identidades falsas e a exploração de microcâmeras ou gravadores ocultos, quando as estratégias são distintas até mesmo diante da lei. Usar identidade falsa é crime, previsto em lei. Trata-se de falsidade ideológica. Esconder gravadores no bolso do paletó ou câmeras na bolsa não tem regulamentação, por isso não é prática delituosa. Implantar escutas clandestinas, sim, é crime, bem como violar correspondências. Então, quanto aos métodos, há uma confusão entre sua legalidade ou validade ética.

Avançando no código e chegando ao capítulo das sanções, percebe-se que esse trecho é o "calcanhar de Aquiles" do documento. Diferentemente de outras profissões, os jornalistas – mesmo que causem o pior dos prejuízos morais, por exemplo – não correm o risco de perder seus registros profissionais se forem antiéticos. As sanções chegam, no máximo, a uma advertência pública ao faltoso, o que em termos práticos significa dar uma bronca no profissional num jornal de grande circulação estadual. O castigo passa pela vergonha e constrangimento. Se comparado a médicos, engenheiros e advogados – que podem ser impedidos de atuar profissionalmente –, o código dos jornalistas dispõe de poder bastante limitado.

Como mudar isso? Tem solução? Sim, mas, para alterar esse cenário, seria preciso mexer na legislação, passando do Ministério do Trabalho para a Fenaj a competência de emitir registros profissionais dos jornalistas. Hoje, quem faz isso é o ministério, e só pode cassar registro quem o concede. Com sanções brandas, comissões de ética invisíveis e nenhuma negociação com os empregadores, o Código de Ética dos Jornalistas Brasileiros apresenta resistência na sua aceitação e pouca eficácia punitiva.

É verdade que nenhum código deontológico é perfeito e que há limitações na própria natureza desses textos, mas o fato é que não basta que os jornalistas conheçam as regras do jogo. Eles precisam pô-las para funcionar.

Algumas empresas atuam com mais firmeza na padronização da conduta de seus funcionários, ditando regras que evitem constrangimentos ou afetem a credibilidade do seu noticiário. Geralmente, essas normas preenchem poucas páginas dos manuais de redação das empresas, como é o caso da *Folha de S.Paulo* e de *O Globo*.

Exceção à regra é o *Guia de ética e responsabilidade social da RBS*, lançado pela Rede Brasil Sul, maior grupo regional de mídia do país. Com 42 páginas e acesso público na internet, o guia enumera os valores que sustentam a atuação dos veículos da RBS, define as ações de responsabilidade e compromisso social, e estabelece normas éticas no âmbito editorial e nas relações internas e externas dos profissionais.

Na seção que cruza as linhas editoriais com os cuidados éticos, são listadas orientações para situações como a publicação de acusações ou ameaças, a cobertura de sequestros e suicídios, a divulgação de informações dadas em *off*, o recebimento de presentes e casos de conflitos de interesse, por exemplo.

Ainda não há estudos que verifiquem isso, mas é fácil supor que repórteres e editores atendam mais às recomendações éticas baixadas pelas empresas do que as formuladas por entidades ou órgãos classistas. A razão é simples: as sugestões de conduta são entendidas como ordens do patrão, por isso devem ser obedecidas em vez de servirem para reflexão sobre a atitude humana. A regra introjetada é: manda quem pode, obedece quem tem juízo.

Não se sabe ainda também se, para o público, essa interferência das empresas na padronização das condutas dos jornalistas traz resultados positivos. Além dos limites legais e dos códigos de ética, existem ainda as leis de mercado e um punhado de regras de ouro do jornalismo. Combinadas, essas listas ajudam a definir o jogo da profissão. Jornalistas devem estar atentos às suas regras. O público também.

JORNALISMO, ÉTICA E NOVAS TECNOLOGIAS

A cena é movimentada, com cortes secos, barulho e muitas pessoas falando ao mesmo tempo. É a sala de emergência de um hospital ou coisa parecida. Policiais correm empurrando uma maca que desliza sobre rodas no corredor. Nela, um homem ferido à bala. Enfermeiros e residentes tentam conter a hemorragia, mas houve muita perda de sangue. A vítima precisa seguir para o centro cirúrgico. O médico mal dá a ordem, e irrompe outra maca na sala, com mais um homem baleado gritando de dor.

Mais barulho e correria no ambiente que fica lotado. O paciente que acaba de chegar é um policial, conforme se pode notar pelo uniforme empapado de sangue. Também não vai resistir muito tempo se ficar por ali. Precisará de uma operação, e logo. Só há uma vaga no centro cirúrgico, avisa a atendente ofegante. Dois policiais se atropelam na fala e dizem que as duas vítimas trocaram tiros havia dez minutos. O primeiro homem fugia da polícia. Os pacientes gritam, os enfermeiros aumentam o tom. O médico não gagueja: "Manda a segunda maca para a cirurgia". Aparentemente confortado com a escolha que fez, o médico sai da sala de emergência. Atrás dele, vem uma enfermeira que lhe parece bem próxima:

"Você não podia ter feito daquela forma!"
"Ora, por quê? Eu tinha que decidir..."
"Eu sei, mas você mandou salvar o policial!"
"Claro! Só tinha uma vaga no centro cirúrgico!"
"Você usou um critério moral, e não técnico!", desespera-se a enfermeira que arranca o protetor de cabelos e sai por uma porta.

Corta!

A cena se passa no início do filme *Medidas extremas*, e o episódio ajuda a entender a diferença muitas vezes sutil entre deontologia e ética, entre os valores específicos de uma profissão e os princípios morais mais gerais. Essa distinção aparece na queixa da enfermeira sobre o critério usado pelo médico para escolher quem ocuparia a última vaga no centro cirúrgico. Conforme se pode perceber, o que ela esperava é que o médico optasse pelo paciente em estado mais grave, e não pelo "mocinho da história", o policial, no caso.

Na ética médica, não importa se o paciente é um assassino em série ou um frade franciscano. Ambos merecem atenção e cuidados. O que vai determinar o pronto atendimento de um em detrimento de outro são as condições de risco a que as vítimas estão expostas, portanto critérios de ordem técnica. Contam mais as qualidades médicas específicas (perícia, rapidez na avaliação do paciente, agilidade) do que os atributos mais gerais do cidadão que veste jaleco branco (generosidade, senso de justiça, bondade).

Diante da cena e da urgência de escolher, o médico não deveria fazer um julgamento moral da vida pregressa do paciente, mas de seu estado de saúde atual. Não interessa ali, portanto, a ética geral, mas sim a deontologia.

Em outras atividades, acontece o mesmo. Às vezes, é necessário recusar os valores gerais em nome dos profissionais. Se não fosse assim, não se poderia admitir que houvesse advogados que defendessem causas aparentemente perdidas e clientes moralmente detestáveis. Ao advogado não vai interessar se quem ele defende é bom marido ou bom patrão, a não ser que esses detalhes contribuam para a sua linha de argumentação no caso.

Já dissemos que, no jornalismo, ética não é etiqueta, não são bons modos. Mesmo assim, é necessário ter equilíbrio, bom senso e disposição para refletir sobre a própria conduta. Diante da situação concreta, frente ao momento de tomada de decisão, o jornalista terá de escolher o que fazer. E, antes de optar, vai se questionar. H. Eugene Goodwin, em seu livro *Procura-se ética no jornalismo*, lembra as melhores perguntas para esses momentos:

- O que é que nós fazemos habitualmente em casos como esse?
- Quem será prejudicado e quem será ajudado?
- Existem alternativas melhores?
- Poderei me olhar de novo no espelho?
- Poderei justificar isso perante as pessoas e o público?
- Quais os princípios e os valores que devemos aplicar?
- Será que essa decisão se encaixa no tipo de jornalismo que eu acredito?

Outras três perguntas podem ser somadas às indagações de Goodwin:

- Eu quero fazer isso?
- Eu posso fazê-lo?
- Eu devo fazê-lo?

Discutir a situação com outras pessoas (de preferência, mais experientes) ou responder mentalmente às perguntas acima aumenta as condições de controle para a tomada de decisão. Mas não reduz a carga de responsabilidade do ato de escolher. Diversos fatores podem tornar delicado o momento que antecede a escolha, por influência externa ou pressão interna. Ultimamente, um aspecto vem se destacando ao deixar mais agudos os dilemas éticos no jornalismo: o rápido avanço tecnológico.

As mudanças que a informática trouxe

O jornalismo sempre esteve ligado à tecnologia. A invenção dos tipos móveis por Gutenberg, no século XV, permitiu que a difusão de textos escritos se ampliasse muito, contribuindo para o alastramento da educação e para o próprio desenvolvimento de um sistema de abastecimento de informações para a sociedade. Uma parcela importante desse sistema é o que chamamos hoje de jornalismo.

Bem mais tarde, o jornalismo continuou a se desenvolver com o advento de novos aparatos tecnológicos, notadamente com os meios eletrônicos.

Amparados pelo telégrafo e pelo telefone, rádio e televisão estenderam ainda mais o raio de cobertura do jornalismo e seu atendimento às demandas das sociedades. A invenção de satélites, transistores, circuitos integrados, microprocessadores e computadores permitiu novas expansões. O jornalismo passou a integrar países e continentes, a produção de notícias cresceu absurdamente, o intervalo das atualizações ficou cada vez menor ao mesmo tempo em que se pôde viabilizar noticiário 24 horas por dia, em escala industrial e global. No final do século XX, novo salto tecnológico com as redes telemáticas e a disseminação espantosa da internet. Fim da história, certo? Errado, melhor voltar algumas décadas para explicar o presente e, quem sabe, espiar o futuro próximo.

O fato é que o surgimento das condições tecnológicas que possibilitaram o desenvolvimento da informática modificou radicalmente a forma como nos relacionamos com as pessoas e com o mundo. Dá pra imaginar a vida hoje sem computadores, telefones celulares e internet? A economia poderia abrir mão da integração dos mercados? Os bancos poderiam renunciar à automação de suas redes? Como faríamos sem urnas eletrônicas, CDs e DVDs, rastreamento e localização por satélite, câmeras digitais, fornos de micro-ondas e controles remotos? Em maior ou menor grau, os avanços tecnológicos afetam todos, mesmo aqueles que são excluídos de seus benefícios. O impacto dessa ausência amplia o fosso de oportunidades que separa quem tem acesso e quem não tem.

O oferecimento de uma nova tecnologia modifica hábitos cultivados por anos. Por exemplo: antes dos telefones celulares, alguém do outro lado da linha sempre perguntava: "Alô, quem fala? Tudo bem?". Hoje, a pergunta que as substitui é: "Onde você está?" Até parece que o interlocutor nem se interessa mais pela nossa saúde... É bem provável que – usando celulares com GPS – a pergunta inicial passe a ser outra.

Essa é só uma medida das transformações vindas com a informática. Existem outras tantas, basta ver que mudaram nossas formas de aprender, cultivar as amizades, conhecer novas pessoas, namorar, pagar contas, fazer pesquisas, consumir música, literatura e cinema, receber e repassar informações. Modificaram-se radicalmente a educação, a sociabilidade, a comunicação e a compreensão dos cenários ao nosso redor. Se a tecnologia modifica as relações interpessoais, também muda os valores morais e as éticas. Por isso, é preciso se deter um pouco nos movimentos que chacoalham os tempos atuais para compreendermos como a ética jornalística também está mudando.

Por conta da informática, dois impactos foram determinantes para virar o jornalismo do avesso: digitalização da informação e facilitação na distribuição dos dados. A chegada de computadores e scanners às redações fez com que textos, imagens e áudios pudessem ser convertidos em arquivos escritos em linguagem computacional. A onda chegou aos arquivos centrais e centros de documentação, às salas de composição e diagramação, aos laboratórios de revelação e ampliação de fotos, às ilhas de edição, aos estúdios de rádio, aos escritórios de despacho de faxes e telex... Essa digitalização compactou materiais e deu mais mobilidade à informação. Foi necessário pavimentar as vias de tráfego, tornando melhores e mais rápidas as trocas de dados.

Ao mesmo tempo em que isso acontecia, os profissionais precisaram se adaptar ao manuseio de outros equipamentos, ao uso de aplicativos e a novas rotinas de trabalho. A máquina de escrever foi substituída pelo computador. Softwares passaram a auxiliar o planejamento da página impressa, bem como a edição e a produção de imagens e áudios. Vieram novos turnos, jornadas de trabalho e horários de fechamento. Algumas funções desapareceram, outras foram absorvidas pelos profissionais e surgiram novas formas de atuação nas empresas de comunicação.

Juntas, eletrônica, informática e internet produziram o maior número de mudanças num curtíssimo período para a comunicação e o jornalismo:

- os arquivos foram descentralizados na medida em que se integraram os bancos de dados das empresas;
- cresceu o consumo de informação, porque ficou mais fácil oferecer e acessar conteúdos;
- mensagens se globalizaram com rádios e TVs na web, canais a cabo, transmissões via satélite, portais noticiosos, informações por celulares etc.
- sistemas automáticos de produção de notícias foram criados;
- jornalistas foram convertidos em produtores de conteúdo;

- redações vêm se integrando;
- a miniaturização de equipamentos vai radicalizar a convergência de mídias...

Mas vieram efeitos colaterais também. Hoje, é mais fácil:

- estressar-se com tanta informação;
- sentir-se desatualizado;
- copiar, multiplicar e adulterar imagens e outros arquivos;
- plagiar e apropriar-se das criações alheias;
- falsificar e piratear produtos;
- invadir a privacidade, flagrar cenas e gravar conversas particulares;
- violar sigilos bancários e postais, bem como direitos autorais e de imagem...

Como a comunicação não é mais a mesma e o jornalismo se modifica com todos esses impactos, convém somar novas reflexões às já feitas sobre a ética jornalística.

Jornalismo on-line e desafios à consciência

O repórter não chegou a sair de casa. Nem mesmo se levantou da cadeira. Escreveu a matéria e enviou para seu editor pelo computador. Foi assim que fez várias vezes. Em 2003, Jason Blair trabalhava para o *New York Times*, simplesmente o jornal mais influente do mundo. Em maio daquele ano, o jornalista foi acusado de ter plagiado textos de colegas, inventado trechos de entrevistas e mentido sobre suas viagens e contatos com fontes de informação. Quando desconfiaram, já era tarde: Jason Blair mentia há pelo menos quatro anos. Isso provocou sua demissão e derrubou ainda dois importantes editores que permitiram que ele fosse tão longe. O escândalo abalou a credibilidade do *The New York Times*. Na época, Blair se defendeu dizendo que estava sob efeito de drogas e que era perseguido por ser negro. Isso até poderia estar acontecendo, mas quem iria acreditar em alguém que mente tanto?

Blair usava a internet para plagiar textos e encontrar detalhes para suas histórias fictícias. Se não fosse pela quantidade de informações e pela facilidade de consegui-las na web, o repórter não teria feito o que fez, certo? Não se pode dizer isso. Não se pode transferir para a rede mundial de computadores, para os sistemas informativos, as ações desempenhadas pelos seres humanos. A tecnologia pode ser boa ou ruim, dependendo do uso que homens e mulheres fazem dela. Uma faca serve tanto para matar quanto para dividir um pão.

A mesma internet que facilitou os crimes e deslizes éticos de Jason Blair ajudou a descobrir outro escândalo no jornalismo norte-americano, cinco anos antes. Em 1998, repórteres da revista *Forbes* perceberam que o jornalista Stephen Glass, da *The New Republic*, inventava coisas. A revelação veio após uma reportagem que escreveu sobre um hacker de 15 anos. Nela, Glass criou nomes, fatos e se afundou num mar de mentiras. Depois da descoberta, um levantamento parcial mostrou que, em quarenta reportagens assinadas por ele, mais da metade continha fraudes. Glass mentiu para seus editores, para si mesmo e para o público.

A internet contribuiu para os casos de Blair e Glass, seja municiando o repórter mal-intencionado, seja permitindo checar informações e atestar as fraudes. Antes da web, já existiam escândalos parecidos. Nos anos 1980, a repórter Janet Cooke, do *Washington Post*, publicou uma emocionante história de Jimmy, um garotinho viciado em heroína. A reportagem foi tão contundente que deu à autora o Prêmio Pulitzer de Jornalismo. Mas a história era boa demais pra ser verdade e teve quem desconfiasse dela. Pouco depois, Janet Cooke admitiu ter inventado tudo, acabou perdendo o emprego e precisou devolver o prêmio.

Portanto, o advento da internet e as facilidades da eletrônica e da informática trazem benefícios ao jornalismo na mesma medida em que potencializam crimes, deslizes e práticas antiéticas. Pela web, é possível consultar arquivos em busca de informações de grande interesse público, mas também disseminar boatos e mentiras, ou "turbinar com detalhes" reportagens simplesmente inventadas.

Esse ambiente de pluralismo e permissividade, recheado de informações das mais diversas procedências, leva jornalistas, pesquisadores e o próprio público a rediscutirem algumas das mais importantes bases que sustentam o sistema de crenças e aceitação pública. Estamos falando de verdade, confiabilidade, qualidade de informação e credibilidade de quem as oferece. O assunto é seriíssimo, principalmente se entendermos o tema da credibilidade como a encruzilhada dos debates sobre qualidade e ética no jornalismo.

No jornalismo atual, e principalmente o que é oferecido na internet, o tempo da produção de informações é distinto do que era há duas ou três décadas. O intervalo entre o acontecimento e a distribuição do seu relato está muito menor, pois sites e portais querem dar a notícia antes da TV e do rádio. Com prazos vencendo antes, jornalistas e meios de comunicação precisam ser mais eficientes, ágeis e versáteis. As etapas de produção da notícia não mudaram e, na prática, isso obriga a escolher entre ser altamente competente ou queimar algum estágio desse processo.

Geralmente, quando não se consegue a qualidade pretendida, sites, portais e blogs cortam em duas etapas: na pauta ou na apuração. Assim, a matéria sai pela metade porque o jornalista não conseguiu chegar onde pretendia, ou sai sem ser devidamente checada. Ao público é oferecido conteúdo insuficiente ou incorreto, impreciso. Vamos a um exemplo.

Um avião com 164 passageiros cai nas proximidades do Aeroporto de Congonhas, em São Paulo. Em minutos, os principais portais noticiosos trazem notas sobre o acidente. As informações ainda são poucas, desencontradas e contraditórias. Confiando nos testemunhos de populares e bombeiros que atendem a chamada, um site afirma não haver sobreviventes. Seu concorrente direto se apoia na fala de especialistas em aviação e diz que as vítimas podem ser 160, já que essa é a capacidade da aeronave. Um terceiro site não arrisca números, mas anuncia que houve uma explosão no ar, levando o avião ao chão. A tragédia comove o país que corre para a frente da TV e do computador para saber mais detalhes. Em algumas horas, com os relatos do resgate, a liberação da lista de passageiros pela empresa aérea e a apuração de dados, os sites substituem os textos em suas páginas eletrônicas, tentando apagar o rastro de seus erros.

O primeiro site do exemplo foi precipitado, já que vítimas com vida foram retiradas dos destroços. O segundo foi impreciso em seu anúncio, deixando de somar aos assentos do avião os destinados à tripulação: havia 164 pessoas a bordo em vez de 160. O terceiro site manteve alguma prudência com o número das vítimas, mas foi incorreto ao noticiar que teria havido uma explosão, seguida de queda, e não o contrário, conforme aconteceu.

Em resumo: na ânsia de dar notícias quase instantâneas, os três sites ofereceram conteúdos comprometedores. Todos os detalhes omitidos ou trocados eram importantes no relato, e mereciam rigorosa checagem antes de sua veiculação. Imagine, por exemplo, a aflição dos familiares das vítimas diante das informações dos sites. Imprudência, imprecisão e incorreção não fizeram dos relatos dos sites um jornalismo melhor. Pelo contrário, apressar-se a anunciar que não havia sobreviventes pode causar desespero geral; errar o número dos mortos não é apenas se equivocar na quantidade, estamos tratando de vidas humanas; relatar a tragédia de forma equivocada intensifica o sofrimento de quem ainda espera por informações confiáveis.

Sim, é um episódio fictício. Mas não está distante de acontecer se levarmos em consideração falhas humanas e mecânicas, o acaso e eventuais negligência, imprudência e imperícia jornalísticas. É preciso pensar ainda que a atuação dos sites do exemplo gera repercussões além de seus alcances. Geralmente, as equipes de reportagem das emissoras de rádio e TV se abastecem nos noticiários da internet para atualizar seus dados; nas redações dos jornais, repórteres também acompanham o noticiário pela TV e pela internet. Se não tiverem paciência, prudência e perseverança na checagem, vão reproduzir os erros na edição do dia seguinte.

É claro que não é para se condenar o jornalismo on-line pelo que ele se apresenta. Erros semelhantes se dão em outros meios indistintamente. Apenas vale chamar a atenção para uma condição que é inerente ao noticiário de internet e que pode comprometer a qualidade do jornalismo, gerando transtornos de ordem ética. Mais do que em outros meios, a velocidade é uma constante no modo de fazer jornalismo on-line. É uma característica dessa modalidade. Entretanto, uma qualidade não pode contradizer outros dois valores fundamentais do jornalismo. A velocidade não deve afetar a correção ou a precisão das informações. Se isso acontecer, portais e jornalistas renunciam a características que fazem parte do próprio DNA de sua atividade profissional. Pouco adianta chegar antes da concorrência se a matéria estiver repleta de erros e omissões.

A satisfação do critério da instantaneidade – importante para o jornalismo on-line – pode corroer a credibilidade do portal num curto prazo. Editores on-line já se preocupam muito com o equilíbrio da gangorra velocidade-confiabilidade. Afinal, é um drama típico do jornalismo on-line: ser mais rápido que os outros meios, mantendo a mesma qualidade jornalística. O desafio imposto não é só técnico. Ele reserva também questões para uma reflexão mais ampla da ética profissional.

Com eficientes softwares de tratamento de imagem, tem sido cada vez mais fácil editar o material dos fotógrafos, escolhendo o melhor flagrante e até retirando detalhes inconvenientes da cena captada. Isto é, a composição dos elementos pode ser feita depois do clique, em rápidos movimentos do mouse. Nem profissionais premiados e experientes estão livres da tentação. Em março de 2003, a primeira página do *Los Angeles Times* trouxe foto de Brian Walski sobre a ofensiva dos britânicos em Zubayr, no Iraque.

Na cena, destacam-se na multidão um soldado e um homem com uma criança no colo. O militar traz um rifle numa mão e ordena com a outra que o civil se proteja da troca de tiros. A foto está longe de ser a mais chocante já reproduzida sobre o confronto na região, mas mesmo assim provocou a demissão do fotógrafo. Motivo: imagem adulterada. Walski manipulou os personagens de forma a dar maior dramaticidade ao conjunto. O repórter fotográfico não inseriu nem retirou elementos da cena. Mas montou a fotografia. Dias após a veiculação da foto, uma nota do editor do jornal informava o público do desligamento do profissional por ter ferido determinação interna de "não alterar o conteúdo de fotos jornalísticas".

Mais uma vez, não estamos satanizando a tecnologia. Antes dos aplicativos de edição de imagem, já havia ocorrido rumorosos casos de manipulação. Um exemplo só: a foto épica do hasteamento da bandeira norte-americana em Iwo Jima, no final da Segunda Guerra Mundial. O relato que nos chega é que o fotógrafo Joe Rosenthal chegou atrasado e perdeu o flagrante. Pediu, então, que os soldados repetissem o ato glorioso e clicou. A imagem vem sendo reproduzida milhares de vezes desde então, simbolizando heroísmo e patriotismo.

Os meios tecnológicos digitais não são os únicos a permitir uma eficiente adulteração de imagem. Pode-se manipular a opinião pública com um enquadramento, na opção de lentes ou filtros, na escolha de uma foto no lugar de outras ou no retoque de brilho e contraste. As possibilidades tecnológicas apenas nos motivam a pensar nos limites do que é aceitável em termos de manipulação:

- O jornal pode desfocar a marca da camisa que o artista veste, por exemplo?
- É tolerável que a emissora de TV ressalte as cores quando aparece um determinado candidato à presidência?
- O que é essencial e intocável numa cena?

A quantidade de recursos dos softwares de edição de imagem e a perícia de editores e fotógrafos no seu manuseio tornam quase indiscerníveis as fotografias retocadas das puras. A alma do instantâneo verdadeiro se dissolve na dúvida. Se a tecnologia permite ajeitar as coisas segundo a conveniência, ela também nos coloca o desafio de definirmos novos limites para nossas ações.

Condenados a escolher

O velho Benjamin Parker coloca a mão sobre o ombro do sobrinho Peter e diz: "Grandes poderes exigem grandes responsabilidades, filho". Naquele momento, o jovem fotógrafo não compreendeu bem o alerta. Isso só aconteceu depois, quando seu tio foi vítima fatal de uma omissão sua. Ardendo de remorso, Peter Parker culpou-se por não ter usado seus poderes de Homem-Aranha para deter o criminoso que matou seu tio no meio da rua.

Embora um tanto adolescente, o enredo criado por Stan Lee cai como uma luva quando se discutem ética e jornalismo. Afinal, jornalistas e meios de comunicação exercem grande influência na vida contemporânea, poder que também exige sua contrapartida de responsabilidade. Uma reportagem que alcança milhões de pessoas tem repercussões e desdobramentos proporcionais ao seu poder de penetração. O comentário transmitido por uma grande rede de TV ajuda a formar decisivamente a opinião do público. Matérias publicadas em jornais de grande tiragem tendem a ser consideradas como mais confiáveis que os de menor circulação.

Com a internet, as condições para se chegar a grandes públicos foram bastante facilitadas. É possível que o blog de um desconhecido ganhe uma visibilidade antes não cogitada em outros meios, por exemplo. Uma versão equivocada numa página pessoal pode ser considerada verdadeira por anos até que se atualize ou retifique a história. Quer dizer, o advento das redes telemáticas propicia vastos poderes a anônimos e famosos, nem sempre preparados ou dispostos a atuar responsavelmente. Na internet, jornalistas e meios tradicionais disputam espaço e atenção com pessoas comuns e organizações diversas. Eles competem não na mesma medida, é verdade, mas com oportunidades de acesso semelhantes.

Cada vez mais vai caber ao internauta a triagem do que considera relevante e confiável no imenso mar de informações disponíveis. Atolados de informação, estamos todos condenados a escolher o que nos é mais conveniente. Diante de oito bilhões de páginas na internet e de mais de cem milhões de blogs, é preciso ter critérios para não perder tanto tempo e encontrar o que se busca. Novos sistemas de reputação já surgem na web, não só apoiados nos antigos conceitos de autoridade e credibilidade. O jornalismo se acotovela com outras tantas narrativas, tentando sobreviver e se diferenciar do conjunto que o cerca.

Qualquer que seja o conceito que o jornalismo busca para si, nesse autorresgate ou reinvenção, não pode deixar de reforçar sua função social nem se desprender da responsabilidade social que lhe é própria, nem se esquecer da qualidade técnica, ser exercido sem ética ou distanciar-se do interesse público. Se descartar essas bases, perde as raízes que o sustentam.

O professor Bernardo Kucinski escreve no livro *Jornalismo na era virtual* que é preciso pensar uma nova ética para uma nova era. "O desafio que temos pela frente, portanto, é como reconstruir uma ética jornalística em tempos pós-modernos". Uma ética que retome "o pluralismo e o valor verdade a serviço público", sinaliza Kucinski. Podemos alargar o horizonte proposto pelo professor.

Como fica o jornalismo em meio à quantidade impressionante de informações que bombardeiam o cidadão todos os dias? Ao reforçar sua função social e seu papel de separar o joio do trigo, o jornalismo define seu campo de atuação e seu papel na sociedade. Invertida, essa equação também funciona. O jornalismo se reinventa ao voltar para o que sempre lhe foi essencial e próprio.

Ética hacker e ética jornalística

O cenário apresenta duas notícias, uma boa e outra nem tanto. A boa notícia: apesar da crise de credibilidade que afeta as instituições, inclusive a mídia, ainda há tempo e condições para se refazer percursos e resgatar uma deontologia jornalística que se adapte aos desafios atuais e conviva melhor com as adversidades. A notícia não tão boa é que os jornalistas não serão os únicos a construir essa nova ética. Novos atores entrarão em cena.

A notícia não é tão boa porque, geralmente, jornalistas são muito resistentes a discutir sua ética, ainda mais com quem é de fora da atividade. No livro *Sobre ética e imprensa*, Eugenio Bucci batizou esse comportamento nas redações de Síndrome de Autossuficiência Ética. A atitude básica é evitar o debate sobre procedimentos e valores e, quando a discussão partir de sujeitos não jornalistas, reagir com veemência, protestando contra o cerceamento de suas ações. Acuado, o profissional reage e ataca, atirando no interlocutor a acusação de censura.

Queiramos ou não, o fato é que – cada vez mais – o público está despertando para os temas da comunicação: políticas públicas, poder e influência da mídia, formação da opinião, erros e deslizes éticos... Debatedores de variadas posições entram em cena, mas a força e a amplitude de uma cultura derivada da internet fazem com que alguns personagens transformem o ciberespaço num ambiente bastante fértil de inteligência, sensibilidade e imaginação. A emergência de uma ética hacker, por exemplo, contamina o debate sobre a democratização do conhecimento e da informação. Essa influência é bem evidente nos últimos anos, mas deve ser maior ainda nos próximos.

Primeiro é preciso definir esse personagem, o hacker. Geralmente, sua imagem é associada ao criminoso da internet, que invade sistemas, picha páginas, dissemina vírus, rouba informações e desvia dinheiro para a própria conta. Incógnito, ele apresenta conhecimento aprofundado de computadores e sistemas e usa suas habilidades para hackear, isto é, operar por dentro dos códigos dos softwares, nas tramas da rede virtual. Certo? Mais ou menos.

O hacker parece um personagem novo, mas os primeiros surgiram no final dos anos 1950 do século passado. Na época, professores e alunos do Instituto de Tecnologia de Massachusetts (MIT) passaram a usar o termo "hacker" para descrever pessoas com grande habilidade técnica na informática. Mas não só isso, além de hábeis, os hackers eram criativos e apaixonados pela solução de problemas. Eram autodidatas e curiosos, varavam a noite trabalhando e se entusiasmavam com as novidades que criavam.

De acordo com Assis Medeiros, no livro *Hackers: entre a ética e a criminalização*, esses personagens tiveram um papel crucial no surgimento dos principais dispositivos tecnológicos usados atualmente: do aprimoramento de aplicativos ao desenvolvimento dos primeiros computadores pessoais, da criação de softwares livres ao fortalecimento de armas que assegurem privacidade on-line. Mais ainda: os hackers foram os primeiros a lutar pela democratização das tecnologias de informação.

Constam da lista de hackers famosos os fundadores da Apple (Steve Jobs e Stephen Wozniak), Linus Torvalds, o criador do Linux (sistema operacional gratuito e aberto), Tim Berners-Lee (o responsável pela web como a conhecemos) e até mesmo Bill Gates, que, antes de ser dono da Microsoft e um dos homens mais ricos do mundo, estava do outro lado.

O filósofo e antropólogo finlandês Pekka Himanen ajuda na explicação do que vem a ser o hacker. Em seu livro *A ética dos hackers e o espírito da era da informação*, o autor nega que o termo se restrinja a vândalos, delinquentes ou piratas da informática. Hacker é alguém:

> [...] que programa entusiasticamente e que acredita que compartilhar informação é um poderoso bem concreto e que seja um dever moral compartilhar a sua perícia, escrevendo software livre e facilitando o acesso à informação e a recursos computacionais onde for possível.

O hacker combina paixão, interesse, curiosidade e diletantismo e, no sentido de Himanen, pode ser extensivo para além do universo computacional. Analisando comunidades virtuais de hackers, o autor chegou a definir os contornos de uma cultura e de uma ética próprias:

> O primeiro valor a guiar a vida de um hacker é a paixão, ou seja, algum objetivo interessante que move os hackers e que é fato gerador de alegria na sua realização. [...] Os hackers não organizam sua vida em termos de dias úteis rotineiros e continuamente otimizados, mas sim em termos de um fluxo dinâmico entre trabalho criativo e outros prazeres da vida, nos quais há também lugar para o ritmo. A ética de trabalho dos hackers consiste em combinar paixão com liberdade, e foi essa a parte da ética dos hackers cuja influência foi sentida com maior intensidade.

De acordo com Himanen, a ética dos hackers se opõe à ética protestante que fundamenta o espírito do capitalismo. Contra valores como dinheiro, trabalho, otimização, flexibilidade, estabilidade, determinação e contabilização de resultados são colocados princípios como paixão, liberdade, solidariedade, compartilhamento, trabalho colaborativo e diletantismo. Assim, hackers acreditam que penetrar em sistemas é eticamente aceitável, que toda a informação deve ser livre, que o compartilhamento de informações é positivo, que softwares devem ter seus códigos-fonte livres e que todos tenham acesso à informação e aos recursos tecnológicos. Hackers desafiam a autoridade e promovem a descentralização; acreditam na criatividade pessoal e no trabalho em conjunto.

Então são todos bonzinhos? E os invasores de sistemas, os "ciberdelinquentes", não são hackers? Na verdade, hacker é uma denominação geral para personagens que vivem no submundo do ciberespaço. Existem vários clãs dentro dessa tribo, e os que se ocupam de ataques e violações são os *crackers*. Há ainda os que tiram páginas do ar, e os que desenvolvem mecanismos para apagar os rastros no mundo virtual, para resguardar sua privacidade de governos e corporações. Desde a década de 1980, tenta-se distinguir quem é quem, mas alguma indisposição da grande mídia criou no imaginário popular uma sombra de criminalidade sobre os hackers. Assim, os grandes meios de comunicação contribuíram mais para confundir do que para explicar. De quebra, ajudaram a difundir uma imagem criminosa dos hackers, fossem quem fossem.

Na própria internet, sites e blogs esforçam-se para distinguir os vários perfis de hackers. Em português, está disponível, inclusive, um curso de ética hacker, conduzido pelo sociólogo Sérgio Amadeu, conhecido pelo engajamento em favor dos softwares livres. Como não poderia ser diferente, o conteúdo das aulas é gratuito, com licença livre e que permite uso, reprodução e modificação do material, desde que não atenda a fins comerciais.

Mas o que o tripé da ética hacker – liberdade, colaboração e conhecimento – tem a ver com a construção de uma nova ética para o jornalismo?

Uma reforma da deontologia jornalística passa por revisões conceituais. A primeira é a do próprio jornalismo como atividade, processo social e campo de trabalho. Diante do mar de informações continuamente oferecidas ao público nos diversos meios, o que distingue o jornalismo, o que o torna tão especial? Por que ainda nos informamos com base no que dizem jornalistas e empresas do ramo? O que diferencia a narrativa dos canais convencionais das fontes alternativas de informação? Ao responder tais questionamentos encontramos um lugar específico para o jornalismo no cotidiano informativo, mesmo que isso pareça absurdo. Mas não é, afinal, ele já não é a única maneira de se manter atualizado, de fazer conexão com o mundo e a vida.

Cada vez mais, pessoas de diferentes faixas etárias, latitudes e hábitos de consumo buscam se informar por suas redes de relacionamento. Isso vem se fortalecendo com as possibilidades da internet, basta ver que entre as páginas mais acessadas estão os sites de relacionamento e as comunidades virtuais. O cidadão comum estabelece seus próprios links com o mundo que o cerca, define seus favoritos e descarta o que já não considera essencial. Ele não mais se restringe somente à sua dimensão de consumidor de informação. Pode ter seu próprio blog, sua página, seu canal de difusão informativa.

Alguém pode se contrapor: mas isso não é jornalismo. Na maioria das vezes, não é mesmo. Mas a emergência de uma cultura na internet de consumo, participação e compartilhamento originou o chamado "jornalismo cidadão" ou "jornalismo colaborativo", modalidade que incentiva a atuação de pessoas comuns no processo de produção e difusão informativa.

A ideia é simples: todo o mundo pode ser repórter e mandar relatos de acontecimentos de sua rua ou bairro. Em diversos cantos da web aparecem centros de mídia cidadã, abastecidos por textos, fotos, vídeos e áudios enviados por donas de casa, bancários, estudantes e até jornalistas fora do mercado. Essas iniciativas ganham espaço em duas lacunas deixadas pelo jornalismo convencional: noticiário hiperlocal e participação intensiva do público. Assim, o "jornalismo cidadão" atende a duas expectativas populares: informação sobre o que acontece na esquina de casa e a possibilidade de participar mesmo do processo comunicacional.

Tendência passageira, modismo ou um nicho de mercado, essa novidade já contagia a grande mídia. Não é à toa que grandes portais noticiosos têm seções que incentivam os internautas a enviar suas colaborações, seus arquivos. Foi assim no acidente do voo JJ 3054 da TAM no Aeroporto de Congonhas, em São Paulo, em 2007. Durante a cobertura da maior tragédia aérea do país, as páginas de entrada dos sites noticiosos convocavam populares a enviar seus vídeos e fotos feitos com celulares, deixar mensagens de condolências aos familiares das vítimas e opinar sobre prováveis responsáveis pelo desastre. Emissoras de TV e rádio e os meios impressos também vêm se esforçando para criar canais de maior participação do público, e o rótulo que dão a isso é "interatividade".

Essa aproximação dos grandes meios ao "jornalismo cidadão" não é uma rendição, mas sinal de que não ignoram um fenômeno que pode alterar bastante seu negócio. A mídia convencional quer capitalizar benefícios com isso, fidelizar seu público, cativá-lo. Sinal mais do que claro que jornalistas e meios ainda têm o protagonismo do processo informativo, mas não detêm mais sua exclusividade. Essa mudança de cenário implica revisão de uma série de procedimentos a que estão acostumados os jornalistas. Esses profissionais estão sendo instados a repensar sobre a natureza da informação no contexto atual, na maneira como produzem as notícias, nas suas relações com as fontes e como vão distribuir esses conteúdos. As questões que rondam as principais cabeças nas principais redações são, no mínimo, incômodas:

- A informação jornalística tem dono?
- Ela pertence ao meio de comunicação, ao jornalista que a apurou ou à comunidade à que ela se dirige?
- Jornalismo convencional e jornalismo cidadão podem conviver?
- A tendência crescente do compartilhamento de conhecimento e informação inclui a abertura de nossas fontes ao público?
- Podemos renunciar à parte de nossos direitos autorais em benefício da coletividade?
- Como manter a credibilidade em ambientes de alta competitividade, grande pressão por resultados e intensa exigência de notícias rápidas?
- Quais os estragos que todas essas mudanças produzem no jornalismo como o conhecemos hoje?

Os conglomerados de mídia que atuam também na internet começam a perceber que seus públicos estão cada vez menos dispostos a pagar por conteúdos e que – quando encontram barreiras em sites – buscam alternativas mais baratas ou mesmo gratuitas. Acontece que jornalismo é algo que custa caro, pois despende recursos financeiros, humanos e operacionais. Alternativas estão sendo buscadas, mas alguns movimentos já dão a linha do que teremos adiante.

Em 2007, o *publisher* do *The New York Times* deixou escapar numa entrevista que não tinha muita certeza de que manteria a versão impressa do jornal. No mesmo ano, o jornal abriu todo o seu arquivo para o público na internet, e agora qualquer um pode pesquisar o que quiser naquela plataforma, sem pagar nada. No Brasil, a revista *Superinteressante* fez o mesmo. Em anos anteriores, a Editora Abril chegou a comercializar caixas com as edições em versão de CD-ROM.

Dos Estados Unidos, vem mais um movimento que chacoalha não apenas os negócios do jornalismo, mas de outros bens culturais também. Um proeminente professor da Escola de Direito de Stanford coloca mais tempero nesse guisado ao criar uma modalidade de licença que flexibiliza os direitos autorais, permitindo utilização dos conteúdos, consumo, compartilhamento e até mesmo interferência na obra. Em vez do consagrado *copyright* – que assegura todos os direitos ao autor –, Lawrence Lessig propôs o conceito de *Creative Commons*, que reserva apenas alguns direitos ao detentor da obra. A lógica passa pela possibilidade de o autor abrir mão de ganhos financeiros, por exemplo, em prol da troca, da criação coletiva e do compartilhamento como aliados para o aperfeiçoamento e democratização da obra.

Entre os programadores de computador coisa semelhante acontece. Eles criam programas que não têm seus códigos-fonte fechados e que circulam gratuitamente. A ideia é que outros programadores possam baixar os programas em suas máquinas, melhorar algumas funcionalidades e disponibilizar publicamente os resultados. Num jogo de palavras bem-humorado, esses hackers – no sentido que Pekka Haminen já nos explicou – trocam o *copyright* pelo *copyleft*.

O sociólogo Sérgio Amadeu sintetiza como a emergência dessa chamada "cultura livre" tem atingido a todos:

> O espírito do desenvolvimento colaborativo e baseado em um fluxo livre sobre o conhecimento permitiu a produção das principais ferramentas e protocolos da internet, bem como acelerou a estruturação e disseminação da rede levando também ao ciberespaço a prática do compartilhamento do código-fonte dos softwares e

a liberdade para a sua alteração e para a distribuição das novas linhas de código. O movimento do software livre iniciado por Richard Stallman, em 1984, alastrou-se pelos vários países e tornou-se uma força concreta, tecnológica, cultural e política. (In: <www.hackerteen.com/pt-br/link/etica-hacker-faixa-preta.html>, acessado em 08/10/2008).

Cultura livre, ética hacker, crescimento da participação do público no processo de produção e difusão informativa, tudo isso pode parecer o apocalipse para os jornalistas mais puristas. Mas nas redações um ditado nos ensina: "Não se deve brigar com a notícia". Isto é, precisamos nos render aos fatos. Tudo isso é irreversível. Não é possível dizer que essas sejam as soluções para a crise de credibilidade que afeta a imprensa nem a redenção ética dos jornalistas e comunicadores. No entanto, no jornalismo, aspectos como qualidade técnica, função social, conduta ética e credibilidade não poderão ser pensados sem considerar essas novas variáveis.

O jornalismo já não é mais o que pensávamos. Terá de se reinventar. Exatamente como fez outras vezes.

CONSIDERAÇÕES FINAIS

10 questões para fazer pensar

Ao longo deste livro, diversas situações foram descritas para motivar a reflexão ética no jornalismo. Alguns exemplos foram fictícios, outros reais. Para fins didáticos, isso pouco importa. Como o propósito aqui é incentivar o raciocínio sobre os princípios e valores morais na conduta dos jornalistas, não poderíamos terminar de outra forma, senão deixando mais perguntas do que respostas.

Por incrível que pareça, no campo da ética, as indagações ajudam mais que as afirmações definitivas. Os questionamentos nos levam a pensar, medir consequências e ensaiar respostas. Esse exercício não para nunca, nem mesmo entre os jornalistas mais veteranos. Por isso, deixamos a seguir mais dez perguntas. Atreva-se a pensar e a respondê-las.

1. É possível fazer colunismo social sem promiscuidade com as fontes?
2. O que pensar de jornalistas que combinam manchetes, após as entrevistas coletivas?

3. Até que ponto a tecnologia é uma aliada de repórteres e editores?
4. Jornalistas dos cadernos de veículos conseguem manter independência editorial após viajar à custa de uma montadora para uma feira internacional?
5. É certo fazer reportagens sobre determinados assuntos apenas para disputar prêmios de jornalismo?
6. Quando o jornalista pode entrevistar parentes ou amigos?
7. Como relatar casos de violência, discriminação, sequestros e suicídios sem contribuir para a estigmatização das pessoas envolvidas?
8. O jornalista pode acumular funções, sendo assessor de imprensa de manhã e repórter à tarde?
9. Onde está o centro de gravidade moral do jornalismo?
10. Até onde se pode ir para conseguir a manchete do dia?

BIBLIOGRAFIA

Guia de leituras

As prateleiras de bibliotecas e livrarias reservam bons títulos sobre jornalismo. Felizmente, as obras que enfocam a discussão da ética na profissão têm crescido em número e em qualidade editorial, o que já é uma boa notícia.

A seguir, apresento alguns desses livros, articulando-os num roteiro de leituras. Como qualquer lista, esta é apenas sugestiva, incompleta e segue preferências pessoais. Alguns dos títulos foram citados nas páginas anteriores; outros são recomendados como complementares ou como paradas obrigatórias para quem se interessa pelo assunto. Não é necessário consumir todos os títulos indicados, evidentemente. Para facilitar, separei-os em estágios de aprofundamento dos temas, atendendo a uma sequência razoavelmente lógica. Divirta-se!

Comece suas leituras por *Sobre ética e imprensa*, de Eugênio Bucci (Cia. das Letras, 2000), passe pelos clássicos *O papel do jornal*, de Alberto Dines (Summus, 1986) e *Procura-se ética no jornalismo*, de H. Eugene Goodwin (Nórdica, 1993), e avance por dois livros indispensáveis: *Os elementos do jornalismo*, de Bill Kovach e Tom Rosenstiel (Geração Editorial, 2003) e *Jornalismo na era virtual*, de Bernardo Kucinski (Editora da Unesp, 2005).

Se o leitor gostou do tema, mas sente a necessidade de uma base filosófica mais sólida, as indicações são: *Ética*, de vários autores, mas organizado por Adauto Novaes (Cia. das Letras, 1992), e *Pequeno tratado das grandes virtudes*, de André Comte-Sponville (Martins Fontes, 1995).

Para uma visão de conjunto da rotina e das atividades jornalísticas, não deixe de ler *A arte de fazer um jornal diário*, de Ricardo Noblat (Contexto, 2002), *Jornalismo político*, de Franklin Martins (Contexto, 2005) e *Guia para edição jornalística*, de Luiz Costa Pereira Junior (Vozes, 2006).

Com uma noção mais sedimentada dos principais problemas éticos no jornalismo, já é hora de conhecer a fundo alguns casos famosos. Francisco José Karam apresenta alguns em *Jornalismo, ética e liberdade* (Summus, 1997); Carlos Dorneles enfoca os conflitos retratados na imprensa depois do fatídico 11 de setembro de 2001 em *Deus é inocente, a imprensa, não* (Globo, 2002); Clifford Christians discute a realidade do mercado norte-americano em *Media Ethics: cases and moral reasoning* (Longman, 1998); Bob Woodward conta com detalhes sua relação com o Garganta Profunda do caso Watergate em *O homem secreto* (Rocco, 2005); e Javier Darío Restrepo nos oferece um verdadeiro curso de ética jornalística em seu *El zumbido y el moscardón* (Fondo de Cultura Económica, 2005).

Já que a temperatura subiu, nada mais oportuno do que passar por dois títulos bem críticos à postura da imprensa atual: *A tirania da comunicação* (Vozes, 2001), de Ignácio Ramonet, e *Os novos cães de guarda* (Vozes, 1998), de Serge Halimi.

Para discutir o jornalismo atual, suas transformações e os desafios que se avizinham, passe por *Watchdog journalism in South America*, de Silvio Waisbord (Columbia University Press, 2000), *O arsenal da democracia*, de Claude-Jean Bertrand (Edusc, 2002) e *Os jornais podem desaparecer?*, de Philip Meyer (Contexto, 2007).

Um roteiro na internet

Muitas são as referências que podem ser encontradas na internet sobre ética jornalística. Não só porque esses sites estejam em constante atualização, mas também porque novos links surgem todos os dias. Mesmo assim, listo dez paradas obrigatórias para conhecer e voltar sempre que possível. São endereços favoritos porque se firmaram pela seriedade e credibilidade nos últimos anos.

Poynter Online – www.poynter.org
O Poynter Institute é uma organização norte-americana sem fins lucrativos voltada para a formação de profissionais e lideranças do jornalismo. Fundado em 1975, o Poynter promove eventos, edita publicações e mantém um dos sites mais dinâmicos e completos sobre excelência técnica e ética em jornalismo. Entre os serviços nessa linha, destacam-se as colunas "Everyday ethics", "Talk about ethics", "Journalism with a difference", além de um serviço de atendimento telefônico sobre dilemas deontológicos. Os conteúdos são todos em inglês, e estão disponíveis arquivos em áudio, como entrevistas e debates.

Observatório da Imprensa – www.observatoriodaimprensa.com.br
Esse é o projeto de crítica de mídia mais antigo da América Latina em atividade. Surgiu da reunião de esforços do mercado e da academia, com a clara intenção de convocar o público a comentar os meios de comunicação. A inspiração foi o homônimo português, e em 1996 surgiu o site no Brasil. Em seguida, o Observatório seguiu para a TV e o rádio, nos quais ainda mantém programas veiculados por emissoras públicas e educativas. O site recebe colaborações de profissionais, pesquisadores, estudantes e demais interessados no circo da mídia. Justamente essa pluralidade e essa abertura reforçam sua influência e credibilidade. Em português.

Sala de Prensa – www.saladeprensa.org
Produzido no México desde 1997, este site reúne artigos sobre jornalismo e comunicação escritos por colaboradores de quarenta países da América

Latina, Europa, Estados Unidos e Ásia. Os conteúdos são dispostos em seções como "Derecho de la información", "Fuentes de investigación" e "Fotoperiodismo". As edições costumam ser mensais, mas números temáticos podem ser lançados em ocasiões especiais. Destaque para as seções de "Periodismo de investigación", e "Ética y deontología". O site oferece ainda conteúdos em áudio na Sala de prensa radio. Em inglês, espanhol e português.

Repórteres Sem Fronteiras – www.rsf.fr
Uma organização não governamental francesa que se dedica à luta pela liberdade de imprensa no mundo. Com isso, seu site faz ativismo contra ditadores, denuncia abusos e divulga rankings da liberdade de imprensa em quase duzentos países no mundo. Os Repórteres Sem Fronteiras acolhem queixas e publicam no site materiais informativos (como cartilhas) ou promocionais (como calendários fotográficos). Destaque para o mapeamento de casos graves de perseguição política a jornalistas e ciberdissidentes. Conteúdos em diversas línguas, como inglês e espanhol.

Consultório Ético – www.nuevoperiodismo.org
O experiente jornalista colombiano Javier Darío Restrepo mantém semanalmente uma seção de perguntas e respostas sobre ética jornalística na página da Fundación Nuevo Periodismo Iberoamericano (FNPI), organização criada em 1994 pelo escritor e jornalista Gabriel García Márquez. A coluna de Restrepo está na rede desde setembro de 2000 e tem o sugestivo título de "Consultorio ético", recebendo questões de leitores de diversos países latino-americanos. Restrepo responde às perguntas e ainda indica preciosas referências bibliográficas. A seção é patrocinada pela Unesco e vale como um curso de formação contínua em ética jornalística. Em espanhol.

Instituto Gutenberg – www.igutenberg.org
Na década de 1990, o Instituto Gutenberg era uma das principais referências nacionais quando o assunto era observar criticamente a mídia. Embora a atualização do site já não tenha a frequência de antes, seu banco de dados ainda é um dos mais abrangentes em língua portuguesa. Há links para muitos meios de comunicação, códigos de ética e conselhos de imprensa de

vários países e ligações para organizações de crítica de mídia, além de vasta bibliografia e cinematografia da área. Em português.

Journalism.org – www.journalism.org

Este é o site do Project for Excellence in Journalism (PEJ), instituto de pesquisa norte-americano especializado na avaliação do desempenho da imprensa. Inicialmente vinculado à escola de Jornalismo da Columbia University, o PEJ hoje está sob o controle do Pew Research Center, o que lhe permitiu ampliar o raio de alcance. O principal produto do PEJ é um amplo estudo denominado "The state of news media", que radiografa não apenas os cenários vigentes dos meios nos Estados Unidos, como aponta tendências e projeções mercadológicas. O site ainda oferece grande quantidade de ferramentas para repórteres, editores, proprietários de meios e cidadãos comuns, bem como farta bibliografia. Em inglês.

Media Watch – www.mediawatch.com

Desde 1984, o Media Watch é um dos mais ativos instrumentos de observação crítica da mídia norte-americana. Seu slogan diz a que veio: "Desafiando o racismo, o sexismo e a violência na mídia através da educação e da ação". Quer dizer, o site concentra-se no combate aos estereótipos abusivos que ajudam a distorcer a informação. Nos arquivos, o visitante encontra bibliografias, artigos, análises e materiais multimídia que auxiliam a formar consumidores de informação mais críticos. O site destaca-se na função de propagador de uma educação para os meios. Em inglês.

Pulso del Periodismo – www.pulso.org

Esta é uma publicação do Centro de Prensa Internacional de la Florida International University, de Miami, Estados Unidos. A revista surgiu trimestral e impressa em 1990, mas em seguida migrou para a internet, na qual hoje se mantém. Com seu foco voltado à liberdade de imprensa na América Latina, Pulso se dirige a estudantes, pesquisadores e profissionais dos meios latinos. Destaque para a seção "Ética", com enquetes sobre a conduta de jornalistas e meios de comunicação. Nas semanas seguintes, artigos de colaboradores respondem à pergunta formulada, refletindo sobre a ética jornalística. Em espanhol.

S.O.S. Imprensa – www.unb.br/fac/sos
Programa de extensão da Faculdade de Comunicação Social da Universidade de Brasília, o S.O.S. Imprensa funciona como uma ouvidoria da mídia. Assim, os cidadãos comuns que se sentem lesados pelos meios de comunicação podem procurar orientação jurídica de como proceder em casos de abuso. Destaque para os materiais produzidos por pesquisadores e alunos e para um conjunto com mais de cem casos recentes de erros e crimes da mídia nacional. Em português.

Para uma visita à locadora

A profissão e o mundo dos jornalistas são muito atraentes para estúdios e cineastas. Das primeiras décadas do século passado até hoje, há filmes tendo jornalistas como protagonistas ou a própria mídia no centro das discussões sociais. Além dos títulos já mencionados ao longo deste livro, existem muitos outros que não podem ser ignorados por quem se interessa pelos desafios da profissão. Indico dez filmes que trazem questões éticas no jornalismo. Basicamente, usei dois critérios: a profundidade dos dilemas apresentados e a facilidade de acesso aos títulos no mercado nacional de VHS e DVD.

Veronica Guerin: o custo de uma coragem (Veronica Guerin)
Cate Blanchett interpreta a jornalista Veronica Guerin, que se tornou um símbolo contra a corrupção ao investigar e denunciar o crime organizado e o narcotráfico na Irlanda. Baseado em fatos reais, o filme expõe de forma brutal a perseguição que sofrem os repórteres investigativos e convida a refletir sobre os limites de atuação desses profissionais para manter sua segurança. Com 98 minutos e dirigido por Joel Schumacher. Produzido nos Estados Unidos, Inglaterra e Irlanda em 2003.

O preço de uma verdade (Shattered Glass)
Também apoiado em fatos reais, o filme conta a história de Stephen Glass, jornalista de uma influente revista de Washington, que se vale de mentiras e invenções para fazer suas matérias. A versão brasileira tem um título vago

se comparado ao trocadilho com o nome do personagem, só possível no original em inglês: "Shattered Glass" é algo como "vidro quebrado". Mesmo assim, o filme vale para se perceber que grandes deslizes da mídia também acontecem com meios influentes. Nos extras do DVD, há uma entrevista do próprio Stephen Glass concedida ao tradicional programa 60 Minutes. Com 103 minutos, dirigido por Billy Ray. Produção norte-americana de 2003.

Jornalismo sitiado (idem)

Em 2005, a Companhia Paulista de Força e Luz (CPFL) promoveu um conjunto de debates sobre o papel da mídia e os desafios que a ela se apresentam no século XXI. O evento, com curadoria dos jornalistas Eugênio Bucci e Sidnei Basile, acabou se convertendo num DVD duplo que reúne aprofundados debates sobre o jornalismo e a sociedade brasileira. São discutidos temas como mercado e democracia, imprensa e espetáculo, blogs e jornalismo on-line, entre outros. Essencial para quem quer pensar o jornalismo nas próximas décadas. Produção brasileira com 415 minutos.

Boa noite e boa sorte (Good night and good luck)

Estados Unidos, anos 1950, em plena Guerra Fria. O senador Joseph McCarthy quer caçar comunistas no *show business*, na política e nos níveis mais anônimos da sociedade local. O âncora da rede CBS, Edward Murrow, no entanto, se interpõe entre o político e o pânico que quer disseminar. Em cena, assuntos como a liberdade de expressão e o terrorismo pela mídia. O filme é bem circunscrito ao imaginário político dos Estados Unidos, mas vale para suscitar discussões sobre as relações de atrito entre mídia e política. Com 93 minutos, dirigido por George Clooney em 2005, em mais uma produção norte-americana baseada em fatos reais.

Mera coincidência (Wag the dog)

O presidente norte-americano quer se reeleger, mas, às vésperas do pleito, um caso extraconjugal pode colocar tudo a perder. Assessores de campanha entram no jogo, convencendo um produtor de cinema a criar uma guerra fictícia para desviar a atenção do eleitorado. Intrigas, mentiras, cinismo e a revelação de como – em certos momentos – jornalistas e meios de comunicação ultrapassam os limites da verdade e do interesse público. Com Robert de Niro e Dustin Hoffmann no elenco. Filme de 1997, com direção de Barry Levinson, tem 97 minutos.

O quarto poder (Mad city)

Um repórter de televisão tenta retornar ao auge da carreira manipulando um transtornado segurança que mantém crianças reféns num museu. A exemplo do clássico *A montanha dos sete abutres*, o jornalista está no olho do furacão e tenta controlar o circo da mídia com frieza, ambição e perversidade. Dirigido por Costa Gavras em 1997, tem 114 minutos. Dustin Hoffmann e John Travolta estão no elenco.

O informante (The insider)

Um ex-funcionário da indústria do tabaco é pressionado a revelar relatórios secretos que atestam os malefícios que o cigarro causa à saúde. Um produtor de televisão tenta convencê-lo da importância dessa revelação ao mesmo tempo em que tenta proteger sua fonte, manter a exclusividade da entrevista e resistir às manobras da cúpula da emissora. Com Al Pacino e Russell Crowe e direção de Michael Mann. Produção norte-americana de 1999, com 160 minutos.

O jornal (The paper)

O roteiro mostra 24 horas da vida de um jornalista dividido entre os desafios de sua profissão, as pressões internas no emprego e a mulher grávida, à beira do parto. Em ritmo vibrante e com momentos ótimos de Glenn Close como a diretora irascível do jornal, o filme provoca a reflexão sobre os dilemas diários que editores têm na definição do que é importante publicar e de como casos delicados devem ser relatados, como denúncias de crime. Dirigido por Ron Howard em 1994, com 84 minutos.

Assassinos por natureza (Natural born killers)

Este é um dos filmes mais contundentes na crítica à tendência da mídia de fabricar heróis e de criar espetáculo com fatos que deveriam receber mais atenção e menos pirotecnia. Um rebelde casal juvenil espalha violência por onde passa, e no seu encalço um apresentador de TV glamoriza a história desses personagens. Paranoias urbanas, cultura de massa, a vida e a morte num videoclipe alucinante. Dirigido por Oliver Stone em 1994, tem 119 minutos de duração.

Todos os homens do presidente (All the president's men)
O filme é de 1976, mas foi relançado em DVD por conta dos trinta anos do Caso Watergate, em que é baseado. Dois repórteres do *Washington Post* perseguem as pistas de um crime político que irá levá-los à Casa Branca. A produção dirigida por Alan Pakula teve roteiro adaptado do livro de mesmo nome, assinado pelos jornalistas Bob Woodward e Carl Bernstein. O filme é um clássico que permite discutir sigilo e proteção às fontes, lealdade e confiança, métodos de investigação e os limites da imprensa numa democracia. Tem 138 minutos de duração.

O AUTOR

Rogério Christofoletti é professor e pesquisador da Universidade do Vale do Itajaí (Univali), onde atua no curso de Jornalismo e no Mestrado em Educação. Doutor em Ciências da Comunicação pela Universidade de São Paulo (USP), é membro do Conselho Administrativo da Associação Brasileira de Pesquisadores em Jornalismo (SBPJor). Como jornalista, atuou nas editorias de Polícia, Política, Economia, Geral e Cultura de jornais de São Paulo e Santa Catarina. Foi ainda repórter de revistas especializadas em Transporte, Logística e Infraestrutura do Paraná. Entre 2002 e 2005, foi vice-presidente do Sindicato dos Jornalistas de Santa Catarina. É autor e organizador de livros nas áreas de Jornalismo e Educação, bem como de artigos em periódicos científicos no Brasil, Portugal, Peru, Equador e Colômbia.

AGRADECIMENTOS

Este livro é o resultado de pesquisa e reflexão, mas ele não se fez sozinho. Por isso, ao final destas páginas, eu gostaria de agradecer...

... aos meus alunos da disciplina de Legislação e Ética em Jornalismo. De 1999 a 2007, foram quinze turmas e mais de seiscentos interlocutores. Nesse período, a convivência me permitiu refletir sobre conceitos, testar hipóteses, e reafirmar minha convicção de que o jornalismo é ainda muito necessário.

... aos jornalistas com quem dividi pautas, fontes e angústias, dentro e fora das redações. Eles me mostravam todos os dias que o jornalismo nos consumia, mas também nos alimentava.

... à querida Ana Paula, pela paciência e todo o apoio. Ela me lembra que a vida não se resume só ao jornalismo.

Cadastre-se no site da Contexto
e fique por dentro dos nossos lançamentos e eventos.
www.editoracontexto.com.br

Formação de Professores | Educação
História | Ciências Humanas
Língua Portuguesa | Linguística
Geografia
Comunicação
Turismo
Economia
Geral

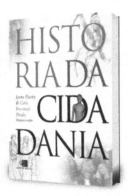

Faça parte de nossa rede.
www.editoracontexto.com.br/redes

Promovendo a Circulação do Saber